AF812112

BELÉN IBOLEÓN

EL PROCESO ARBITRAL: UNA PERSPECTIVA PROCESAL DEL ARBITRAJE DE CONSUMO

Dykinson, S.L.

Todos los derechos reservados. Ni la totalidad ni parte de este libro, incluido el diseño de la cubierta, puede reproducirse o transmitirse por ningún procedimiento electrónico o mecánico. Cualquier forma de reproducción, distribución, comunicación pública o transformación de esta obra solo puede ser realizada con la autorización de sus titulares, salvo excepción prevista por la ley. Diríjase a CEDRO (Centro Español de Derechos Reprográficos) si necesita fotocopiar o escanear algún fragmento de esta obra (www.conlicencia.com; 91 702 19 70 / 93 272 04 47)

© Belén Iboleón
Madrid

Editorial DYKINSON, S.L.
Meléndez Valdés, 61 - 28015 Madrid
Teléfono (+34) 915442846 - (+34) 915442869
e-mail: info@dykinson.com
http://www.dykinson.es
http://www.dykinson.com
Consejo Editorial véase www.dykinson.com/quienessomos

ISBN: 978-84-15455-33-2
Depósito Legal: M-35728-2012

A mis hijos.

La fuerza que me hace seguir luchando

ÍNDICE

La autora del presente libro quiere expresar su más sincero y profundo agradecimiento a sus maestros, el ***Profesor D. José Luis González Montes*** (Catedrático de Derecho Procesal de la Universidad de Granada) y el ***Profesor D. Fernando González Montes*** (Catedrático de Derecho Procesal de la Universidad de Granada), por sus enseñanzas, sin las que nunca hubiera sido posible la elaboración de esta obra, y por su apoyo y comprensión en los momentos difíciles, que no han sido pocos.

PRÓLOGO

El libro que presento por invitación expresa de su autora, la Dra. Belén Iboleón, sigue una línea de investigación relativa al arbitraje, ya iniciada hace tiempo en el Departamento de Derecho Procesal de la Universidad de Granada, que ha contado con un buen número de publicaciones de algunos de sus miembros, y que ahora culmina con el estudio desde la perspectiva procesal del especial arbitraje de consumo, materia que, con algunas notorias excepciones, no ha sido apenas tratada por los procesalistas o, al menos, desde la óptica procesal.

El trabajo que ahora se publica constituye el núcleo esencial de otro más amplio que vino a constituir la tesis doctoral de la autora, que mereció la máxima calificación por unanimidad de un Tribunal interdisciplinar de especialistas. Sin embargo, el trabajo que ahora se publica no es el único ni el primero relativo a materia arbitral y, más concretamente, al arbitraje de consumo, de la Dra. Iboleón que con anterioridad ya había publicado un novedoso trabajo sobre "Arbitraje y divorcio" en el libro coordinado por mi "Estudios sobre arbitraje: Los temas claves" (2008), y otro en relación más directa con el tema que se aborda en el libro titulado: "Naturaleza jurídica y competencia territorial de las Juntas Arbitrales de Consumo en el RD 231/2008, de 15 de febrero", en el libro "Mediación y Arbitraje de Consumo" (2010) en el que también aparece un trabajo mío sobre "El proceso arbitral de consumo", libro coordinado además por otro profesor del Departamento, el Dr. Francisco Garrido Carrillo.

Con estos antecedentes no era de extrañar que el tema de tesis elegido por la Dra. Iboleón fuera el Arbitraje de Consumo y que ahora se puedan contemplar publicados los resultados de la investigación que precisamente no se puede tachar de meramente teórica pues interesa poner de manifiesto que la autora es Presidente del Tribunal Arbitral de la Junta Municipal de Granada, por consiguiente los problemas prácticos que suelen plantearse en el arbitraje de consumo no le son en absoluto desconocidos.

En cuanto al libro, creo que lo mejor que puede decirse de él es que merece la pena ser leído, tanto por como está redactado como por la claridad conceptual y de ideas que presiden su redacción. En definitiva, es un libro de fácil lectura y de suma utilidad para todo aquel que quiera adentrarse en el arbitraje de consumo y, desde luego, a partir de ahora espero que sea punto de referencia importante para los trabajos posteriores que, sobre esta materia, puedan venir en el futuro.

Respecto al contenido del libro, ya la mera lectura del índice es muy indicativa, por su claridad, de lo que el libro contiene y de los temas que son tratados. Aparte de la introducción y del examen de la regulación legal, el libro aborda dos grandes temas: en primer lugar el sistema arbitral de consumo y su organización, donde curiosamente aparecen órganos donde se mezcla su carácter administrativo con su condición de arbitrales, tema que analiza con brillantez la autora; en segundo lugar, y con mayor extensión, se analiza el proceso arbitral de consumo que si bien goza de peculiaridades propias, no deja por ello de tener naturaleza procesal. Se tratan pues sus principios informadores, las distintas fases del procedimiento y la terminación de las actuaciones con el laudo. Se añade además, un breve análisis de los arbitrajes especiales de consumo como son el electrónico y el colectivo y se culmina, como no, con unas interesantes conclusiones del trabajo.

En conclusión, mi valoración del libro no puede ser más positiva, pues es una obra que se presenta por sí sola y que, como se ha dicho, merece la pena leerse por lo que agradezco muy sinceramente a la autora que me haya otorgado el privilegio de prologarla siguiendo además una tradición universitaria que, sinceramente, creo que no debe perderse.

Junio 2012

José Luis González Montes
Catedrático de Derecho Procesal

I.
INTRODUCCIÓN

Cuando a un procesalista se le plantea la posibilidad de tratar el tema del Arbitraje, especialmente el ARBITRAJE DE CONSUMO, lo primero que le viene a la mente es la defensa a ultranza de nuestro proceso jurisdiccional. Y este es precisamente el tema del que se ha de huir: no debemos plantearnos esa disyuntiva, ese enfrentamiento entre el "*Arbitraje –general o de consumo– versus la jurisdicción ordinaria*[1]". Por contra, debemos respaldar la opción del Arbitraje de consumo por sus virtudes y méritos propios, no por las deficiencias y carencias de las que adolece la Administración de Justicia.

El arbitraje de consumo, si bien no es una vía nueva, permite que se obtenga justicia con mayor rapidez que acudiendo a la jurisdicción ordinaria. Lo podemos englobar dentro de las ADR en cuanto suponen una vía distinta a la jurisdicción para resolver los conflictos y mantener la paz social, sin recurrir a la fuerza. Estas vías alternativas no hay que abordarlas como enfrentadas a la justicia tradicional sino como alternativa y/o complementaria de aquella.

Para afrontar la problemática derivada del fenómeno del consumo de masas, en España se ha optado por el arbitraje de consumo, que desde su implantación ha venido creciendo de una manera espectacular. Cada vez son más las solicitudes de arbitraje que se realizan a las Juntas Ar-

---

[1] ABELLÁN TOLOSA, "El Sistema Arbitral de Consumo", Valencia, 2004, págs. 575 a 668.

bitrales de Consumo (en adelante, JAC), ello demuestra la eficacia del sistema, de lo contrario, los consumidores acudirían a los tribunales.

Factores como la sencillez en el procedimiento, la confidencialidad de la instrucción y la discreción de la decisión final hacen del Arbitraje de consumo un medio cada vez más atractivo para las empresas. Asimismo, la rapidez, eficacia, voluntariedad de las partes, ejecutividad y economía, hacen también del Arbitraje de consumo un mecanismo de solución de conflictos. Este procedimiento se usa cada vez más, no sólo porque no haya necesidad de acudir a los Tribunales de Justicia, sino también porque así se solucionan conflictos que, de otra manera, o no llegarían o serían de difícil acceso a los Tribunales, como el propio Instituto Nacional de Consumo (en adelante INC) nos indica.

El Arbitraje descansa en la autonomía privada de las partes. Como ya sabemos, nos encontramos con un árbitro –también el de consumo– que ostenta *auctoritas*[2], pero no *potestas* o *imperium*. Ello supone que declara el derecho, pero no ejecuta[3]. El ejercicio de la potestad jurisdiccional al que se refiere el art. 117,3 CE se confiere a los órganos jurisdiccionales del Estado. Cuando hace referencia a "juzgar y hacer ejecutar lo juzgado", ese *juzgar*, esa tutela declarativa, hace referencia tanto al proceso jurisdiccional como al arbitraje (y, por ende, al arbitraje de consumo). Pero no puede extenderse la misma conclusión a la fase de ejecución, ya que esta sólo puede estar atribuida a los Juzgados y Tribunales que componen los órganos jurisdiccionales integrados en el

---

[2] De todos es sabido que en Derecho romano se entiende por *auctóritas* una cierta legitimación socialmente reconocida, que procede de un saber y que se otorga a una serie de ciudadanos. Ostenta la *auctóritas* aquella personalidad o institución que tiene capacidad moral para emitir una opinión cualificada sobre una decisión. Si bien dicha decisión no es vinculante legalmente, ni puede ser impuesta, tiene un valor de índole moral muy fuerte. El término es en realidad intraducible, y la palabra castellana "autoridad" apenas es una sombra del verdadero significado de la palabra latina. Sin embargo, el concepto se contrapone al de potestas o poder socialmente reconocido. Ostenta la potestas aquella autoridad, en el sentido moderno de la palabra, que tiene capacidad legal para hacer cumplir su decisión. Vid. al respecto D'ORS Y PÉREZ-PEIX, A., "Nueva introducción al derecho", Madrid, 1999.

[3] Ni el laudo, ni siquiera las medidas cautelares, que como tendremos ocasión de ver ya sí pueden adoptarlas los árbitros desde la LA/2003.

Poder Judicial. De ahí que se utilice esa expresión de que los árbitros tienen *auctóritas* pero no *potestas* o *imperium*, porque no ejecutan sus laudos; esto no quiere decir que no sean ejecutables –todo lo contrario, porque como todos sabemos, no sólo son ejecutables, sino que tienen efecto de cosa juzgada–. Dicha ejecución es llevada a cabo por los órganos jurisdiccionales que determine la Ley.

Sabemos que el arbitraje es un "equivalente jurisdiccional" y, sin olvidar la exclusividad jurisdiccional del 117,3, en base a ese principio de libertad y justicia como valores supremos que presiden todo nuestro ordenamiento jurídico (art. 1,1 CE), lo que faculta a cualquier ciudadano a solicitar que se le administre justicia a través de un procedimiento privado basado en la autonomía de la libertad y avalado por una ley ordinaria (en clara referencia al arbitraje).

En cualquier caso, deberíamos preguntarnos si el arbitraje –y por ende, el arbitraje de consumo– es un tema cuya regulación compete exclusivamente al Estado. El Tribunal Constitucional se ha expresado sobre esta cuestión en sentido positivo afirmando que: "no cabe duda que el establecimiento de un sistema de arbitraje es materia atribuida a la competencia del Estado por los títulos competenciales del art. 149.1.5 y 6 CE, pues, siendo el arbitraje un *equivalente jurisdiccional*, mediante el cual las partes pueden obtener los mismos objetivos que con la jurisdicción civil (esto es, la obtención de una decisión que ponga fin al conflicto con todos los efectos de la cosa juzgada), es evidente que la creación de órganos de naturaleza arbitral y el establecimiento de dicho procedimiento heterocompositivo es materia propia de la legislación procesal civil, relacionado, en cuanto a los efectos del laudo arbitral y al sistema de recursos, con la Administración de Justicia, tal y como confirma la supletoriedad que respecto al art. 31 de la Ley 26/1984 establece la DA Primera de la Ley 36/1988, de 5 de diciembre, de arbitraje", (STC 62/1991, de 22 de marzo, STC 15/1989 e incluso, STC 146/1996). De hecho, PEDRAZ PENALVA[4] entiende que "del juego de los art. 51

[4] PEDRAZ PENALVA, "El proceso y sus alternativas", en AAVV: "Arbitraje, mediación y conciliación", Cuadernos de Derecho Judicial, CGPJ, Madrid, 1995, págs. 17 a 18.

y 54 CE dimana, de una parte la exigibilidad de singularidades procedimentales con miras a la plena satisfacción de los intereses legítimos del justiciable, y, de otra, el ofrecimiento al ciudadano de equivalentes en los que han de respetarse en todo caso las reglas del juego: audiencia, contradicción e igualdad. En este último sentido son admisibles las alternativas de autodefensa, autotutela o heterocomposición. La elección de otra vía distinta al proceso exige de Estado que esté y pase por ella. El ejemplo más elaborado es el arbitraje". Y, obviamente, el arbitraje de consumo.

II.
REGULACIÓN LEGAL DEL ARBITRAJE DE CONSUMO

El RD 231/2008, de 15 de febrero por el que se aprueba el Sistema Arbitral de Consumo[5] (en adelante, RDAC), mantiene las caracte-

[5] Vino a derogar el anterior RD 636/1993, de 3 de mayo, el cual supuso un nuevo y decisivo impulso para el arbitraje de consumo. Sin embargo, basta comparar el articulado de ambos para intuir la importancia de la reforma del Sistema Arbitral de Consumo (SAC); y ello principalmente por la extensión del articulado del RD de 2008 –64 artículos, 4 DT, 1 DD y 4 DF– frente a los 17 artículos y 1 DT del derogado RD de 1993, así como el relativamente amplio periodo de *vacatio legis* previsto para su entrada en vigor.

No obstante, como ya afirmara LARA GONZÁLEZ, R., "Completa entrada en vigor del RD 231/2008, de 15 de febrero, por el que se regula el sistema arbitral de consumo", en *legalToday.com* de 25 de Agosto de 2008, entre los aspectos positivos que presenta la norma, es preciso señalar que su entrada en vigor todavía supondrá un incremento añadido de trabajo para los participantes en el Sistema Arbitral de Consumo, toda vez que no sólo el procedimiento arbitral de consumo se complica con relación al establecido en el Real Decreto/1993, sino que la labor administrativa de las JAC se ve notablemente aumentada. Este nuevo marco regulador de la institución debiera ir acompañado de un incremento de financiación por parte del Instituto Nacional del Consumo a las Administraciones Públicas que den cobertura a las Juntas Arbitrales correspondientes. En efecto, la Administración Central del Estado competente en esta materia no puede reformar el Sistema Arbitral de Consumo provocando un aumento del gasto de las Administraciones responsables de su mantenimiento, sin que solidariamente contribuya a su sostenimiento. "O entre todos se hace un esfuerzo o preveo que el RDAC/2008 puede convertirse en un obstáculo para dar respuesta al sentido último del arbitraje de consumo"; lo que nos lleva a recordar las palabras que el entonces Presiden-

rísticas esenciales del Arbitraje de consumo. Se dicta al amparo de lo dispuesto en el art. 149,1.5 y 6 CE, que atribuyen al Estado las competencias exclusivas en materia de administración de justicia y de legislación procesal, respectivamente (DF Primera). Introdujo una serie de modificaciones con el objetivo de incrementar la seguridad jurídica de las partes y la homogeneidad del sistema.

El RDAC entró en vigor el 25 de agosto de 2008, salvo los arts. 25 y 27 (que regulan tanto la *oferta pública de adhesión*[6] como la competencia territorial para resolver sobre la oferta pública de adhesión) que entraron en vigor al día siguiente de su publicación en el BOE. Vino a adecuar todo el Sistema Arbitral de Consumo (en adelante, SAC) con la entonces ya vigente LA/2003, cuya Disposición Adicional Única establecía el carácter supletorio de esta para el arbitraje de consumo: "Esta Ley será de aplicación supletoria al arbitraje a que se refiere la LGDCU[7] que en sus normas de desarrollo podrá establecer la decisión en equidad, salvo que las partes opten expresamente por el arbitraje en derecho".

Mantiene asimismo las características esenciales del arbitraje de consumo, pretendiendo introducir las modificaciones necesarias para incrementar la seguridad jurídica de las partes y la homogeneidad del

---

te del Tribunal Supremo, Sr. Hernández Gil, pronunció en sede parlamentaria (1986) *"en España la justicia es independiente pero ineficaz"*.

[6] Especial importancia cobra la oferta pública de adhesión al SAC, porque es el modo más característico de celebrar el convenio arbitral de consumo. De existir oferta pública de adhesión, y habiéndose admitido ésta, el convenio arbitral se entenderá válidamente formalizado por la mera presentación de la solicitud por parte del consumidor siempre que ésta coincida con el ámbito de la oferta –o incluso si consta acreditado que la solicitud se solicitó durante el tiempo que la empresa o profesional utilizó el distintivo público de adhesión, aun careciendo de tal derecho (art. 24,3 RDAC/2008)–.

En la oferta, el empresario deberá hacer constar el plazo de validez, si opta por un arbitraje de derecho o de equidad, así como, si acepta someter el conflicto a la mediación previa por los órganos arbitrales, ya que, de no constar tales extremos, el RDAC/2008 sanciona que la oferta se entenderá realizada por tiempo indefinido, al arbitraje de equidad y con aceptación de la mediación previa.

[7] Por las fechas, debemos entender, obviamente, que está haciendo referencia a la LGDCU/1984.

sistema como presupuestos necesarios para reforzar la confianza en él de empresas o profesionales y consumidores o usuarios, asegurando el recurso a este sistema extrajudicial de resolución de conflictos que, como tal, es de carácter voluntario, como ya pusiera de relieve la Memoria del Sistema Arbitral de Consumo del INC de 2009.

Ahora bien, debemos retrotraernos al art. 51,1 de la CE de 1978, y al art. 31 de la LGDCU/1984, sin olvidar la hoy derogada L 36/1988, de 5 de diciembre, de Arbitraje[8]. La Ley de Arbitraje vigente es la L 60/2003, de 23 de diciembre, de Arbitraje, es supletoria del Sistema Arbitral de Consumo.

La Ley 44/2006, de 29 de diciembre, de mejora de la protección de los consumidores y usuarios, prevé en su DF sexta que en el plazo de un año desde su entrada en vigor, el Gobierno, contando con el parecer de las comunidades autónomas a través de la Conferencia Sectorial de Consumo y con audiencia del Consejo de Consumidores y Usuarios, dictará una nueva regulación del Sistema Arbitral de Consumo, regulando también el arbitraje virtual[9].

Estas precisiones de reforma reglamentaria, así como el régimen legal general del arbitraje de consumo, se recogen en el RLeg. 1/2007, de 16 de noviembre, que aprueba el texto refundido de la LGDCU y otras leyes complementarias (derogatorio del anteriormente citado de 1984), recoge en sus arts. 57 y 58 el régimen general del arbitraje de consumo.

Por último, como decimos, el RD 231/2008, de 15 de febrero, por el que se aprueba el Sistema Arbitral de Consumo, vino a cumplir dos funciones:

---

[8] Dada la gran trascendencia que tuvo en el Sistema Arbitral de Consumo, al ser la ley básica supletoria al RDAC/1993, que como sabemos fue el que procedió a regular el Sistema Arbitral de Consumo.

[9] Asimismo, la DF sexta establece que reglamentariamente se determinarán los supuestos en que podrá interponerse reclamación ante la Junta Arbitral Nacional frente a las resoluciones de las Juntas Arbitrales territoriales sobre la admisión o inadmisión de las solicitudes de arbitraje, y los supuestos en los que actuará un árbitro único en la administración del arbitraje de consumo.

- Adecuar el Sistema Arbitral de Consumo a la vigente LA/2003.

- Mantener las características esenciales del Arbitraje de consumo que, como nos indica su propia Exposición de Motivos, "(...) introduce las modificaciones necesarias para incrementar la seguridad jurídica de las partes y la homogeneidad del sistema, como presupuestos necesarios para reforzar la confianza en el mismo de empresas y profesionales, consumidores y usuarios. Así se asegura el recurso a este sistema extrajudicial de resolución de conflictos que, como tal, es de carácter voluntario".

III.
SISTEMA ARBITRAL DE CONSUMO

Vamos a centrarnos en el arbitraje que regula y se aplica a las relaciones de consumo. Tiene por objeto resolver los conflictos que surgen cuando se realiza una relación de consumo y se aplicará a las quejas y reclamaciones de los consumidores y usuarios con relación a sus derechos legalmente reconocidos. Premisa básica para que se aplique el arbitraje de consumo es la existencia de una relación de consumo, como venimos insistiendo.

El arbitraje de consumo surge cuando la parte más débil –consumidor o usuario– recurre a esta institución con el propósito de que se encargue de resolver el problema que haya surgido al haber adquirido un determinado bien o la prestación de un servicio en unas condiciones no deseadas o diferentes a las pactadas, como consecuencia de haber realizado un acto de consumo. Por medio del arbitraje de consumo se pretende eliminar las diferencias que existen entre los consumidores y los empresarios en sus relaciones o actos de consumo[10].

La relación de consumo, por tanto, es la relación entre un usuario o consumidor –parte activa– y un empresario o comerciante –parte pasiva–. Es decir, la relación que se realiza entre el proveedor de un bien o el prestador de un servicio y, el usuario de los mismos a cambio de una

---

[10] FRANCISKOVIC INGUNZA, B.A., "El arbitraje de consumo", publicado en Estafeta Jurídica Virtual el 1 de septiembre de 2008; reproducido en Agenda Magna el 21 de enero de 2009. Referencia Internet: http://agendamagna.wordpress.com/2009/01/21/beatriz-franciskovic-ingunza

retribución económica. Esta relación de consumo se da por medio de la prestación de un servicio o por la compra de un bien o producto.

Por último, podríamos considerar como finalidades del arbitraje de consumo las siguientes:

- Facilitar el intercambio de productos y servicios en el mercado promoviendo el respeto y el ejercicio de los derechos y deberes de los consumidores y de los proveedores.
- Generar un mercado nacional en el que se desenvuelvan consumidores bien informados que actúen con diligencia y proveedores que ofrezcan una mayor variedad de productos y servicios, dentro del marco de la leal y honesta competencia.
- Fomentar la autorregulación en el mercado.
- Garantizar el acceso a la justicia para los consumidores y promover la transparencia para las empresas en las relaciones de consumo impulsando la resolución de las disputas.
- Generar beneficios para los consumidores, fomentando y fortaleciendo la protección de los derechos de los mismos.
- Generar beneficios para las empresas y comerciantes: garantiza la calidad del bien y/o de los servicios que presta.

A. Especial referencia al concepto consumidor y empresario

No hay un concepto uniforme de consumidor, debido a que estamos ante una materia multidisciplinar. Entendemos como consumidor:

- Al ciudadano-administrado (art. 51,1 y 2 CE).
- El que interviene, directa o indirectamente, en la relación jurídica de consumo (LGDCU/2007).
- El que sufre el perjuicio, como recoge la Ley de responsabilidad civil por bienes o servicios defectuosos.

Referido al consumidor o usuario[11], la LGDCU/2007 define claramente al consumidor[12] en su art. 3: "A efectos de esta norma y sin

---

[11] Hemos de advertir que, aunque se utilicen indistintamente a lo largo de este trabajo el término "consumidor/es" y el de "usuario/s", nos habría gustado seguir la línea del Derecho comparado y de las más recientes normas comunitarias (Vgr., la *Propuesta de Directiva del Parlamento Europeo y del Consejo sobre derechos de los consumidores, de 8 de octubre de 2008* [COM-2008-614 final]), donde la noción consumidor/es abarca ambos conceptos. Y ello porque, lamentablemente, la LGDCU/2007 no ha aprovechado la ocasión para "*deshacerse de los usuarios*"; como tampoco lo ha hecho el RDAC/2008.

Vid. a este respecto, CABANILLAS MÚGICA, S., "El Real Decreto Legislativo 1/2007, por el que se aprueba el texto refundido de la Ley General para la Defensa de los Consumidores y Usuarios y otras leyes complementarias", en *Aranzadi Civil*, núm. 1/2008, pág. 5.

[12] El Estatuto de Autonomía para Andalucía, en su artículo 18.1.6ª, atribuye a nuestra Comunidad Autónoma la competencia exclusiva sobre defensa del consumidor y el usuario, sin perjuicio de la política general de precios y de la legislación sobre defensa de la competencia, de acuerdo con las bases y la ordenación de la actuación económica general y la política monetaria del Estado.

En el ejercicio de esta competencia Andalucía fue una de las primeras Comunidades Autónomas en aprobar su propia Ley en esta materia. La hoy derogada Ley 5/1985, de 8 de julio, de los Consumidores y Usuarios en Andalucía, ha sido una norma cuyos preceptos han enmarcado y guiado la actuación de las Administraciones Públicas de Andalucía para hacer efectivo el principio rector de la política social y económica que consagra el art. 51 CE.

De igual modo, la actualmente vigente Ley 13/2003, de 17 de diciembre, de Defensa y Protección de los Consumidores y Usuarios de Andalucía, copiando a la ley que deroga, también realiza una definición tanto de consumidor como de destinatario final, en su art. 3 –siguiendo la línea de la regulación nacional de incluir también a las personas jurídicas–:

"a) Consumidores y usuarios: Las personas físicas o jurídicas que adquieran, utilicen o disfruten como destinatarios finales bienes o servicios. No tienen esta consideración las personas físicas o jurídicas que, sin constituirse en destinatarios finales, adquieran, utilicen o disfruten bienes o servicios con el fin de integrarlos en la organización o ejercicio de una actividad empresarial, profesional o de prestación de servicios, incluidos los públicos. Las referencias efectuadas en esta Ley a los consumidores se entenderán hechas a consumidores y usuarios.

b) Destinatarios finales:

–Las personas físicas que adquieran, utilicen o disfruten bienes o servicios cuya exclusiva finalidad sea el uso o disfrute personal, familiar o doméstico.

perjuicio de lo dispuesto expresamente en sus libros tercero y cuarto, son consumidores o usuarios las personas físicas o jurídicas que actúan en un ámbito ajeno a una actividad empresarial o profesional". Por tanto, no se consideran consumidores aquellos que adquieren bienes y servicios para incorporarlos a un proceso productivo o a una actividad comercial. En este sentido, el consumidor es, de una u otra forma, el usuario final del bien[13].

– Las personas jurídicas que adquieran, utilicen o disfruten bienes o servicios destinados de forma desinteresada, gratuita o sin ánimo de lucro a sus trabajadores, socios o miembros o para ellas mismas.

– Las entidades asociativas sin personalidad jurídica que adquieran, utilicen o disfruten bienes o servicios sin ánimo de lucro".

[13] En economía, un consumidor es una persona u organización que demanda bienes o servicios proporcionados por el productor o el proveedor de bienes o servicios. Es decir, es un agente económico con una serie de necesidades y deseos que cuenta con una renta disponible con la que puede satisfacer esas necesidades y deseos a través de los mecanismos de mercado. La legislación que defiende al consumidor se denomina Derecho de Consumo.

También se define como aquel que consume o compra productos para el consumo. Es por tanto el actor final de diversas transacciones productivas.

En el ámbito de los negocios o la administración, cuando se habla de consumidor, en realidad se hace referencia a la *persona como consumidor*. El consumidor es la persona u organización a la que el marketing dirige sus acciones para orientar e incitar a la compra, estudiando el proceso de toma de decisiones del comprador.

En la teoría (neo)clásica de microeconomía se entiende que un consumidor posee un presupuesto que puede ser gastado en un amplio abanico de productos (bienes y servicios) disponibles en el mercado. Bajo la asunción de racionalidad, esta elección de gasto presupuestario se realiza de acuerdo con las preferencias del consumidor; por ejemplo, para maximizar su función de utilidad, o para priorizar las necesidades sobre los deseos. En los modelos de comportamiento del consumidor a lo largo del tiempo, se considera que este puede invertir una proporción de su presupuesto para obtener un mayor presupuesto en periodos futuros. Esta elección de inversión puede incluir tasas de interés fijo o activos financieros sin riesgo.

Recientemente, a la palabra consumidor se le ha adicionado la de *prosumidor*, para hacer referencia a la doble labor que pueden asumir los clientes: la de consumir y la de producir. Con la proliferación de la microempresa y de la empresa familiar, las personas llegan a ser consumidoras de sus propios productos. Paralelamente, las áreas de mercadeo de las empresas tienden a apoyarse cada vez más en sus clientes o consumidores para que les apoyen en la generación de ideas y desarrollo de nuevos productos y, aun más, les ayuden en la consecución y cierre de

En el preámbulo de la citada Ley también se recoge:

"Así, el concepto de consumidor y usuario se adapta a la terminología comunitaria, pero respeta las peculiaridades de nuestro ordenamiento jurídico en relación con las personas jurídicas".

"El consumidor y usuario definido en la ley, es la persona física o jurídica[14] que actúa en un ámbito ajeno a una actividad empresarial o profesional. Esto es, que interviene en las relaciones de consumo con fines privados, contratando bienes y servicios como destinatario final, sin incorporarlos, ni directa ni indirectamente, en procesos de producción, comercialización o prestación a terceros".

---

nuevas ventas, convirtiéndose en verdaderos defensores y promotores de la empresa y sus servicios.

El consumidor no es un simple agente pasivo que espera a que le ofrezcan los productos y servicios; es un agente activo con el poder suficiente para lograr cambios en las ofertas y hasta en las mismas empresas, para que se ajusten a sus requerimientos y necesidades. Cada vez se es más consciente que lo importante no es la venta sino la repetición de la misma, lo importante no es el primer consumo sino su repetición sucesiva. Por ello, surgen programas de fidelización dirigidos a los clientes actuales en búsqueda de mantener su preferencia y lograr las compras.

Referencia Internet: http://es.wikipedia.org/wiki/Wikipedia:Portada

[14] Como puede apreciarse, se continúa manteniendo la posibilidad de que pueda considerarse consumidor o usuario tanto a las personas físicas –acerca de las cuales no cabe ninguna duda–, como a las jurídicas –no exentas de polémica en su consideración con tal calidad de consumidor, y que en la legislación extranjera tienen dispar aceptación–.

Sin embargo, para DE LA CUESTA RUTE, J.M.*, en su ponencia impartida el 19 de noviembre de 2008, la persona física hace referencia a la naturaleza del sujeto de derecho del que se predica la personalidad. Así, la persona física se opone a la persona jurídica que, como es sabido, designa a un grupo de personas físicas al que el derecho consiente que se trate unitariamente haciéndolo centro de imputación de relaciones jurídicas.

*DE LA CUESTA RUTE, J.N., "Persona física o consumidor", Ponencia presentada al I Congreso Internacional *Sobreendeudamiento del consumidor e insolvencia familiar*, celebrado en la Facultad de Derecho UCM en noviembre de 2008. En su elaboración colaboró Enrique Núñez Rodríguez. Referencia Internet: http://eprints.ucm.es/8761/1/06.04.09.Persona_f%C3%ADsica_y_consumidor.pdf

Por su parte, el término consumidor es un adjetivo, aunque sea sustantivado, que califica a una persona por referencia a la posición que ocupa en determinadas relaciones jurídicas que tienen como sustrato material relaciones de índole económica.

Consumidor es el que consume, es decir, el que realiza un acto jurídico orientado al consumo; puesto que de consumo, y no de capital, es el bien constitutivo de su objeto. Opinamos, junto a DE LA CUESTA RUTE[15], que es suficiente oponer el bien de consumo al de capital para comprender cabalmente que aquél no satisface una necesidad sentida en ningún escalón de un proceso productivo. El acto de consumo se define por el destino del bien antes que por su naturaleza. En este sentido, el consumidor –entendido como quien consume–, se define en conexión con cada acto y con cada relación constituida a partir de él. Pero es claro que, en el contexto en que nos encontramos, la referencia al consumidor ha de expresar además algo más que eso; es decir, sin dejar de ser exacto lo que se ha dicho, el significado de consumidor se encuentra apenas se piensa en que el derecho ha hecho centro de su preocupación sistemática a nuestro personaje, entendido como sujeto situado en posición de inferioridad de condiciones o de mayor debilidad respecto de otro sujeto en la misma relación. El carácter sistemático de la preocupación del derecho por el sujeto consumidor no hace desaparecer sin embargo su caracterización casuística. Porque no nos engañemos: "*consumidores somos todos*", como dijera Kennedy[16] en su célebre discurso ante el Congreso de los Estados Unidos de América.

[15] DE LA CUESTA RUTE, J.N., "Persona física o consumidor", Ponencia presentada al I Congreso Internacional *Sobreendeudamiento del consumidor e insolvencia familiar*, op. cit., 2008.

[16] El 19 marzo de 1962, en una célebre alocución ante el Congreso de los Estados Unidos, el Presidente JOHN F. KENNEDY expresó: "Ser consumidor, por definición nos incluye a todos", agregando que "somos el grupo económico más grande en el mercado, que afecta y es afectado por casi todas las decisiones públicas y privadas, pero es el único grupo importante cuyos puntos de vista a menudo no son escuchados".

Dicho discurso, que marca el inicio del movimiento de protección al consumidor en el mundo, introdujo una frase comúnmente repetida por cuanto estudio se ha efectuado hasta hoy en materia de consumidores: Ser consumidor nos involucra a todos. Ahora bien, la pregunta obligada es: ¿a todos?

Para el precitado autor[17], la conveniencia de la noción de consumidor a la persona jurídica hace evidente que, no sea posible establecer como términos de una alternancia a la persona física y al consumidor. "Y es que uno y otro designan realidades situadas en distintos planos. Ahora bien, por la misma relatividad del concepto de consumidor es pertinente preguntarse si se plantean problemas específicamente conectados a la naturaleza –física o jurídica– y a la condición de consumidor o no del deudor que puedan o incluso deban atenderse mediante el recurso a la institución del concurso".

Seguimos la diferencia consagrada por diversos autores como FERNANDEZ GIMENO[18], realizando una distinción dentro del propio concepto de consumidor:

- Consumidor jurídico: será aquel que realice el acto o negocio jurídico de adquisición del bien, producto o servicio.
- Consumidor material: será aquel que realice la utilización, uso, disfrute o consumo del bien, producto o servicio.

Por supuesto, ni que decir tiene, que pueden coincidir –en la generalidad de los casos así ocurre– en la misma persona. Y ello nos lleva a entender que:

- Se considera asimismo consumidor o usuario a quien, sin ser parte de una relación de consumo, como consecuencia o en ocasión de ella, adquiere o utiliza bienes o servicios como destinatario final[19], en beneficio propio o de su grupo familiar o social.

De ahí la necesidad imperiosa de determinar quién es consumidor, sobre todo a efectos de lo que a la protección del mismo se refiere a través del arbitraje de consumo; lo que no es tema baladí.

[17] DE LA CUESTA RUTE, J.N., "Persona física o consumidor", Ponencia presentada al I Congreso Internacional *Sobreendeudamiento del consumidor e insolvencia familiar*, op. cit., 2008.

[18] FERNANDEZ GIMENO, J.P., "Derecho de Consumo", Valencia, 1999, pág. 97.

[19] Por ello entendemos que el consumidor final no es el usuario o consumidor que adquiere un bien o recibe un servicio en el mercado a cambio de una transacción

– Y a quien de cualquier manera esté expuesto a una relación de consumo.

A pesar de todo lo expuesto, la Directiva 93/13/CEE considera al consumidor solo como a la persona física, y no tiene en consideración a las personas jurídicas (independientemente de que sean pequeñas, medianas o grandes empresas). Sin embargo, tanto la legislación española al respecto como la portuguesa –Ley portuguesa de defensa del consumidor, del 24 de julio de 1996–, sí incorporan –como hemos podido comprobar– la persona jurídica al concepto de consumidor, conjuntamente a la persona física[20].

---

económica. Para ser considerado consumidor hay que tener la condición de consumidor final. Consumidor final es la persona natural o "jurídica" que adquiere o usa el bien para fines personales, familiares o de su entorno social inmediato. No se consideran, por tanto, consumidores y usuarios, para efectos de la Ley, a los proveedores cuando adquieran, utilicen o disfruten de un bien o servicio para fines propios de su actividad.

Consumidor final, por tanto, es aquel que ocupa el último eslabón de la cadena de producción-consumo; es decir aquél que adquiere, disfruta o utiliza un bien o servicio, en principio, para la satisfacción de sus necesidades personales, familiares o de su entorno social inmediato. Este usuario debe destinar el producto o servicio a un uso distinto al que le daría un proveedor. Su adquisición, uso o disfrute no deben estar dirigidos a la realización o al soporte de actividades de fabricación, elaboración, manipulación, acondicionamiento, mezcla, envasado, almacenamiento, preparación, expendio, suministro o prestación propias de un proveedor. Las empresas o comerciantes pueden ser consideradas como consumidores finales cuando adquieren, utilizan o disfrutan bienes o servicios que no incorporan al desarrollo de su actividad como proveedores. Son considerados consumidores finales cuando los bienes adquiridos por la empresa pueden ser utilizados directamente por ellas para su propio uso. Para ser considerado consumidor no es necesario ser el adquirente del bien o el contratante del servicio. Puede ser considerado el que disfruta o usa lo mismo aunque no lo hubiera adquirido (Vgr. un regalo).

[20] De hecho, en la mayoría regulaciones autonómicas de las JAC se establece que "en caso de que quien reclame no sea persona física (Comunidades de Propietarios, Asociaciones, Sociedades...) debe acreditarse documentalmente la representación de la persona firmante de la solicitud (Acta de Nombramiento, Estatutos, Escritura...)". Entendemos por ello, que no había ninguna necesidad de seguir atribuyendo a las personas jurídicas la condición de consumidores y seguir contraviniendo de esta forma el derecho comunitario. Mucho más necesario habría sido tratar, por ejemplo, los supuestos frecuentes de Comunidades de Propietarios en las que se integran, naturalmente, los propietarios de locales comerciales, y que pretenden la protección derivada del Derecho de Consumo frente a empresas de mantenimiento o promotores inmobiliarios. (Vid. Al

Por contra, podríamos excluir del concepto consumidor:

- Los contratos celebrados por los consumidores por cosas usadas. Sin embargo, no ocurre así si las cosas fueran nuevas, cuando tal acto tenga una finalidad de lucro, aunque no sea su profesión, sino un acto ocasional. No será aplicable a negocios de los consumidores entre sí pero, en el caso de que una persona jurídica obre o negocie una relación de consumo para su consumo final, sí se considerará como un acto de consumo.
- Los actos de los profesionales que requieran de título y matrícula de colegiación profesional.
- Tampoco tendrá carácter de consumidor quien adquiera, almacene, utilice o consuma bienes y servicios para integrarlos en procesos de producción, transformación, comercialización o prestación a terceros.

En lo que a la *parte pasiva* se refiere, ha de advertirse que en el término "*empresario/s*", que utilizamos a efectos simplificativos en el presente trabajo y en concordancia con el sentido o definición de este término a efectos del LGDCU/2007 (y, por tanto, también del RDAC), se integran tanto los empresarios propiamente dichos como los profesionales. Así, el empresario se concibe como "toda persona física o jurídica que actúa en el marco de su actividad empresarial o profesional, ya sea pública o privada" (art. 4 LGDCU/2007). Se considera por tanto empresario o comerciante, a todas las personas naturales o jurídicas, de derecho público o privado, que se dediquen en establecimientos abiertos al público, o en forma habitual, a la producción o comercialización de bienes o a la prestación de servicios en el territorio nacional.

No tienen consideración por el contrario de proveedores aquellos que venden bienes o prestan servicios de manera ocasional. En cuanto al criterio de habitualidad así la persona no realice sus actividades en

respecto, CARRASCO PERERA, "La defensa de consumidores y usuarios: Ámbito de aplicación y alcance de la refundición", págs. 3 y 4. Referencia Internet: http://www.uclm.es/centro/cesco/pdf/comentarios/4.pdf.

establecimientos abiertos al público, si ésta realiza la actividad de manera común y reiterada, será considerado proveedor.

También es considerado como proveedor todas aquellas personas naturales o jurídicas que presten servicios que a su vez se incorporen o complementen los servicios que otras personas naturales o jurídicas presten directamente a los consumidores, también deben ser consideradas como proveedores, aun cuando el consumidor no haya contratado directamente con ellos.

En esta misma línea, como ya advirtiera MARÍN LÓPEZ[21], es evidente que las reclamaciones de que conoce el sistema arbitral de consumo han de ir formuladas contra un empresario[22]. En consecuencia, no cabe plantear reclamaciones ante las JAC cuando el sujeto reclamado actúa en esa relación jurídica con fines ajenos a una finalidad empresarial –o profesional–. En tal caso se trata, de un arbitraje entre particulares, excluido del sistema arbitral de consumo. Nos resulta paradigmático el supuesto de las reclamaciones arbitrales que se presentan contra arrendadores que no son profesionales de la promoción inmobiliaria. Ciertamente, algunas JAC han admitido reclamaciones de este tipo. Creemos, sin embargo, que en principio no cabe el arbitraje de

---

[21] MARÍN LÓPEZ, M. J., "Presente y futuro del arbitraje de consumo: cuarenta y tres cuestiones controvertidas", en Revista de Derecho Privado, nº 9-10, 2006, págs.7 y ss.

[22] Obviamente, cuando los empresarios o comerciantes realicen Ofertas públicas de adhesión al Sistema Arbitral de Consumo, aceptan que las reclamaciones de los consumidores que se planteen como consecuencia de su actividad empresarial o profesional, se resuelvan a través de este procedimiento extrajudicial y voluntario.

La admisión de una Oferta pública de adhesión al Sistema Arbitral de Consumo da derecho al empresario o profesional a ostentar un distintivo oficial en todas sus comunicaciones, incorporándose al Registro público de empresas adheridas al Sistema Arbitral de Consumo (arts. 26 y 27 RDAC) o cuando acepten la solicitud de arbitraje de consumo pedida por un consumidor.

El plazo de validez de la oferta se entiende indefinido salvo que exprese algún otro. Pero se debe tener en cuenta que si más adelante deciden darse de baja en el Sistema Arbitral de Consumo (lo que se conoce como renuncia de la Oferta Pública de Adhesión) ésta sólo tendrá efecto a partir de los 30 días naturales de su comunicación a la Junta Arbitral de Consumo.

consumo, precisamente porque el reclamado no tiene la condición de empresario[23].

B. Objeto

Llama poderosamente la atención la exhaustividad en la regulación del nuevo RDAC, frente a los solo 17 artículos del RDAC/1993 (lo que no ha sido un impedimento para su buen funcionamiento durante casi 15 años).

Insistamos en subrayar de nuevo el carácter institucional del Sistema Arbitral de Consumo. Efectivamente, estamos ante un arbitraje institucional de resolución extrajudicial de conflictos, con carácter vinculante y ejecutivo para ambas partes. Su objeto se delimita en el RDAC desde dos puntos de vista:

1. Delimitación positiva: entran dentro de su esfera los conflictos surgidos entre los consumidores o usuarios y las empresas o profesionales en materias de libre disposición por las partes[24]. (Art. 2.1 en relación con el art. 1.2 RDAC). Es decir, quejas y reclamaciones de los consumidores y usuarios que estén en relación con sus derechos legal o contractualmente reconocidos. Como ya pusiera de manifiesto BONACHERA VILLEGAS[25], el ámbito material del arbitraje de consumo tiene como primer presupuesto la existencia entre las partes de una relación de Derecho privado dirigida a la adquisición, utilización o disfrute de bienes y servicios suministrados por una empresa, profesional o Administración; asimismo, ha de referirse a los

[23] Lo que no significa que no se reconozca que para las controversias entre los particulares sería recomendable un sistema como el arbitral de consumo.

[24] No toda acción en materia de consumo es susceptible de ser ejercitada mediante este tipo de arbitraje, porque como bien indica el RD/2008, únicamente podrán ser objeto de arbitraje las materias de libre disposición conforme a Derecho.

[25] BONACHERA VILLEGAS, R., "Los arbitrajes especiales", Navarra, 2010, págs. 106 y ss.

derechos reconocidos por las normas generales de consumo, o mejor dicho, a las acciones que respecto de tales derechos las normas reconozcan a los consumidores.

2. Delimitación negativa: no podrán ser objeto de arbitraje en ningún caso los conflictos que versen sobre intoxicación, lesión, muerte o aquellos en que existan indicios racionales de delito, incluida la responsabilidad por daños y perjuicios directamente derivada de ellos[26]. (Art. 2.2 RDAC). Respecto a ello, tenemos que puntualizar lo siguiente: somos de la misma opinión que los profesores CASAS VALLÉS, CUÑAT EDO Y DÍAZ ALABART[27], en el sentido de que este precepto no vino a suponer ninguna novedad al respecto (a pesar de que su aprobación se deba al contexto histórico especial "Colza")[28]. No puede ser una materia susceptible de arbitraje una conducta tipificada por el Código Penal. De hecho, no existe ninguna facultad de disposición (ni posibilidad de autotutela, autocomposición –mediación y/o conciliación–, ni siquiera la heterocompositiva del arbitraje) en materia de derecho procesal penal, porque el *ius puniendi* (el derecho a imponer una pena) es *exclusivo* del Estado. Es por ello que no supone algo novedoso este hincapié del RDAC/1993, que continúa regulándose en el de 2008.

Así pues, en principio, no podrán tampoco ser objeto de arbitraje de consumo[29]:

---

[26] Conforme lo previsto en el art. 57.1 del RDL 1/2007, de 16 de noviembre, por el que se aprueba el Texto Refundido de la LGDCU y otras leyes complementarias.

[27] Citados por RUIZ JIMÉNEZ, J.A., "Análisis crítico del sistema nacional español de arbitraje de consumo", San Sebastián, 2007.

[28] Como apunta ABELLÁN TOLOSA, "El Sistema Arbitral de Consumo", op. cit., Valencia, 2004, pág. 613, este motivo es el único que se introdujo en el RDAC/1993, y que al mismo tiempo es una traslación de lo que ya reflejaba el 31.1 LGDCU/1984. Se cita la fecha para encuadrarlo en el contexto histórico en el que la norma fue aprobada –drama social del aceite de colza, búsqueda de mayor proteccionismo del consumidor...–

[29] AGUILAR OLIVARES, "El arbitraje de consumo: evolución y régimen actual", en Curso de Derecho Arbitral, Valencia, 2009, págs. 402 y ss.

1. Las materias en donde no exista un acto de consumo propiamente dicho, frente a empresario, profesional, comerciante o de la propia administración Pública.
2. Cuando el solicitante del arbitraje no reúna las condiciones subjetivas, es decir, cuando no ostente la legitimación para interponer una solicitud de arbitraje: no es el consumidor final, tal y como los define la ley (si bien nos parece más una causa de inadmisión que materia indisponible, como venimos defendiendo).
3. Cuestiones sobre las que recaiga resolución judicial firme y definitiva, excepto en los aspectos derivados de su ejecución.
4. Materias inseparablemente unidas a otras sobre las cuales las partes no tengan poder de disposición.
5. Aquellas en las que deba intervenir el Ministerio Fiscal en representación legal de aquellas personas que no tienen capacidad de obrar o representación legal, y que no pueden actuar por sí mismas.

Otros límites objetivos podrían ser los establecidos por los art 26 y 27 RDAC:

- Límites establecidos en la oferta pública de adhesión o en la aceptación del empresario. En efecto, si el empresario realiza una oferta pública de sometimiento, habrá de mencionar necesariamente el "ámbito de la oferta" [arts. 6.1 y 6.2.a) RDAC]. No especifica la normativa cuál ha de ser el contenido de esa oferta. Esa indeterminación permite a los empresarios establecer límites de todo tipo al ámbito de la oferta –Vgr. imponer condiciones de tipo procedimental –incluso, puede limitar la tutela cautelar a unas determinadas medidas o excluirla totalmente–, fijar límites sobre la cuantía reclamada o los límites territoriales–. Pero también podrán establecer límites sobre las materias susceptibles de arbitraje.
- Las controversias no contractuales. Cabe plantearse si son susceptibles de arbitraje de consumo las controversias que tienen

un origen no contractual –habida cuenta de que las legales y las contractuales sí son objeto de arbitraje de consumo–. Los casos reales son los de daños causados en bienes de terceros por productos defectuosos o los daños extracontractuales en los que no ha intervenido, ni siquiera en su origen, una actividad de provisión de bienes o servicios a un consumidor[30].

En cualquier caso, recalquemos que el arbitraje de consumo tiene un matiz diferencial respecto al arbitraje general: no puede extenderse a cualquier materia (aunque sea disponible), sólo a los conflictos que surjan entre consumidores/usuarios y las empresas/profesionales en relación con los derechos reconocidos de los primeros, bien sea por vía legal o contractual. Ello daría pie a plantearnos si estarían incluidos los conflictos entre particulares[31]. Para CARRASCO PERERA[32], la respuesta a la posibilidad de plantear reclamaciones ante las Juntas Arbitrales contra un sujeto que actúa en el tráfico con fines ajenos a una finalidad empresarial, es negativa. Esto es especialmente relevante en las reclamaciones arbitrales que se presentan contra arrendadores que a su vez no son profesionales de la promoción inmobiliaria. Para este autor la razón de la negativa es simple: no se podría constituir el Tribunal Arbitral con sus tres representantes[33]. Sin embargo, no niega que

[30] Para MARÍN LÓPEZ, no hay posibilidad de acudir al arbitraje de consumo, aun cuando la reclamación la formule un particular frente a un empresario, si la controversia no tiene su origen en un acto de consumo. Así sucede, por ejemplo, cuando un particular vende a una empresa su propio vehículo, ya usado, o incluso, cuando vende algún mueble a un anticuario.

MARÍN LÓPEZ, M. J., "Presente y futuro del arbitraje de consumo: cuarenta y tres cuestiones controvertidas", en Revista de Derecho Privado, op. cit., 2006, pág. 6.

[31] Que si bien se recogían en el RDAC/1993 expresamente como supuestos no incluidos, no aparece tal mención en el RDAC/2008.

[32] CARRASCO PERERA, A., "Delimitación temporal, objetiva y territorial del arbitraje de consumo", en la obra AAVV, "El arbitraje de consumo. Una nueva dimensión del arbitraje de derecho privado", Valencia, 2004, pág. 96.

[33] Art. 20.1 RDAC: "En los supuestos no previstos en el artículo anterior (*árbitro único*), conocerá de los asuntos un Colegio Arbitral integrado por tres árbitros acreditados elegidos cada uno de ellos entre los propuestos por la Administración, las asociaciones de consumidores y usuarios y las organizaciones empresariales o profesio-

se pudiera llegar a resultados eficientes si se pudieran dar este tipo de reclamaciones entre particulares.

Por último, y al hilo de todo lo anterior, encontramos dos temas en la ley que nos parece, pueden ser susceptibles de confusión: las materias indisponibles y las causas de inadmisión. Hablar de falta de legitimación, capacidad o de inexistencia o defecto del convenio –o adhesión–, nos parecen más causas de inadmisión que materias no objeto de arbitraje, como tendremos ocasión de comprobar[34].

C. Organización del sistema arbitral de consumo

C.1.- Juntas arbitrales de consumo

C.1.1.- Naturaleza jurídica y características de las JAC

El art. 5 RDAC/2008 recoge que las Juntas Arbitrales de Consumo son órganos administrativos. De hecho, en el art. 3.2 del citado reglamento se insiste en esta particularidad administrativa de las Juntas, e incluso se dispone que para lo no regulado en dicha norma sea de aplicación la L 30/1992, de 26 de noviembre de Régimen Jurídico de las Administraciones Públicas y del Procedimiento Administrativo Común (en adelante, RJAP-PAC[35]). Gracias a ello resaltamos, como lo hiciera GONZÁLEZ MONTES, J. L[36]., ese cierto "tufillo o tinte" administrativista que este reglamento pretende otorgar a las Juntas de Arbitraje, y a todo el texto en general, como podremos ir comprobando. Es este un punto que en el anterior RDAC/1993 no se mencionaba, lo que no significa que no fueran órganos con carácter ad-

---

nales. Los tres árbitros actuarán de forma colegiada, asumiendo la presidencia el árbitro propuesto por la Administración". La *cursiva* es nuestra.

[34] Vid. *Infra* IV.C.2.- Solicitud y fase de admisión.

[35] También se hace remisión a esta L 30/1992, en el art. 7.3 del RDAC/2008.

[36] GONZÁLEZ MONTES, J. L., "El proceso arbitral de consumo", en Mediación y Arbitraje. Una perspectiva española, europea y comparada", (Dirs. Orozco Pardo-Esteban de la Rosa. Coord. Garrido Carrillo), Valencia, 2010.

ministrativo, sino que ahora se incide más en este tema. En cualquier caso, pese a este carácter administrativo, los trámites y las audiencias han de ser privados; igualmente, las partes han de mantener la confidencialidad sobre el mismo, así como los árbitros han de respetar su secreto profesional acerca del contenido de las cuestiones sometidas a su criterio[37]. Como señalara, SANTAMARÍA PASTOR[38] "(...) Sobre el Derecho Administrativo parece pesar una suerte de maldición histórica. De la misma manera que, según cuenta la Biblia, Yavhé castigó la soberbia de los constructores de la Torre de Babel con la confusión de lenguas, todas las nociones fundamentales del Derecho administrativo parecen hallarse sumidas en un estado de vaguedad conceptual, de confusión irreductible". Así ocurre con el concepto de acto administrativo que, añade, "posee, en efecto, un grado de indeterminación realmente inquietante".

No hay ninguna norma en el Derecho positivo español que defina lo que es acto administrativo. Recurriendo a la clásica definición de ZANOBINI[39], se trata de toda manifestación de voluntad, de deseo, de conocimiento o de juicio realizada por la Administración Pública en el ejercicio de una potestad administrativa.

Dejando al margen el tema de si la estructura orgánica el Sistema Arbitral de Consumo se desarrolla por una Administración Pública, queda claro que el arbitraje (en concreto el de consumo) *no es una potestad administrativa.* Para que pudiera considerarse como tal es requisito fundamental que se haya declarado expresamente por una Ley de forma determinada y perfectamente definida. Obviamente, no es el caso.

---

[37] Art. 24.2 LA/2003.

[38] SANTAMARÍA PASTOR, J. A., "Principios de Derecho Administrativo", Madrid, 2009, pág. 127.

[39] La definición de acto administrativo que más acogida ha tenido en nuestra doctrina se debe a ZANOBINI: "Es acto administrativo cualquier declaración de voluntad, de deseo, de conocimiento o de juicio realizada por un órgano de la Administración pública en el ejercicio de una potestad administrativa". Esta definición es recogida en España, con ligeras variantes, por GARRIDO FALLA, GARCÍA DE ENTERRÍA, SANTAMARÍA PASTOR entre otros autores.

Citados por AHUMADA RAMOS, F.J., "Materiales para el estudio del derecho económico-administrativo. Segunda parte. La actuación Administrativa", Dikynson, 2007.

En consecuencia, a la vista de la definición tradicional, la actividad de los órganos del Sistema Arbitral no sería acto administrativo. Es más, podemos afirmar que las JAC carecen de personalidad jurídica diferenciada de la Administración en la que están insertadas[40]. De ahí que no extrañe que se haya defendido su caracterización como órganos de la Administración en la que están inmersas. Ahora bien, incluso participando de la misma naturaleza, parece que lo que no queda tan claro para la doctrina es que las Juntas Arbitrales dicten "actos administrativos, ni en caso de que estos lo fueran, tampoco queda claro que pudieran ser recurribles en vía administrativa". Porque si bien se formulan dudas acerca de si aplican normas materialmente administrativas, también se observa que el servicio que prestan las JAC en los trámites iniciales obedece a unos intereses claramente particulares (garantizar una correcta integración del convenio arbitral y una correcta constitución del arbitraje en su órgano unipersonal o colegiado, así como el consecuente inicio del procedimiento arbitral). Y, todo ello, para no incurrir en defectos formales que, *ab initio*, pudiesen dar lugar a una posterior nulidad del laudo[41].

Es cierto que el RDAC/2008 incide explícitamente en esta naturaleza administrativa de las JAC, e incluso considera aplicable la Ley 30/1992 RJAP-PAC a su actividad administrativa; es por ello que no nos debe extrañar que se regule un recurso "supuestamente administrativo" contra las resoluciones de admisión o inadmisión de las solicitudes de arbitraje[42] (ello, insistimos, no implica que nos encontremos ante

---

[40] En palabras de DÍEZ GARCÍA, H., "Admisión e inadmisión a trámite de solicitudes de arbitraje de consumo. Regulación actual y perspectivas de reforma tras la Ley 44/2006", Aranzadi Civil, nº 14, Pamplona, 2007, pág. 42, "... ello les impide disponer de un presupuesto propio –tema no menor, pues puede incidir en la necesaria autonomía requerida para ejercer adecuadamente su función–".

[41] En este sentido, BÁRDENAS CARPIO, J.M., "El sistema arbitral de reclamaciones de consumo", Valencia, 1993, pág. 95. RODRÍGUEZ RODRIGUEZ, "Origen, estructura y funcionamiento de las Juntas Arbitrales de Consumo", IVADP, San Sebastián, 2006, pág. 488 y ss.

[42] En este sentido, como decimos, se crea una incongruencia entre el recurso y la resolución, y además, cuando estipula el RDAC que queda abierta la vía judicial, tampoco lleva razón, a pesar de ese cierto tinte administrativista que se le pretende dar

un procedimiento administrativo, como tendremos ocasión de demostrar posteriormente). Pero veamos dos cuestiones:

1. El estatuto del Presidente de las Juntas le garantiza su independencia. Por tanto, el arbitraje no es una competencia delegada[43]. Debemos partir de la naturaleza privada del arbitraje, aunque en su organización existan órganos administrativos. No olvidemos que es un sistema paralelo al jurisdiccional[44].

2. ¿Es que la resolución de aceptación/negación de la oferta pública de adhesión realizada también por la Junta (previo informe preceptivo de la Comisión) no tiene la misma consideración? Es decir, ¿por qué se puede recurrir la aceptación/denegación de la solicitud de arbitraje y no la admisión/inadmisión de adhesión al SAC? ¿Es que una es administrativa y la otra no? O bien, ¿es que estamos en una fase "prearbitral", y de ahí su tratamiento? Habría que cuestionarse, aunque no sea el momento oportuno, si efectivamente no sería más adecuado que fueran los propios árbitros los que conocieran de la admisibilidad o no de las solicitudes de arbitraje; con ello nos habríamos evitado unos cuantos de estos problemas.

---

a dicho RDAC. Incluso, pudieran ser susceptibles de confusión las materias indisponibles y las causas de inadmisión.

[43] Como señalan, OROZCO PARDO y PÉREZ-SERRABONA GONZÁLEZ, "El arbitraje de consumo", (Coord. González Montes, J.L.), op. cit., 2008. pág. 447 y ss.

[44] Porque también encontramos órganos semejantes en el Poder Judicial, tanto internos (Salas de Gobiernos, Presidentes de Tribunales, Audiencias y Salas –Secciones– y Jueces, Juntas de Jueces, Juntas de Decanos), como externos (Consejo General del Poder Judicial). En definitiva, estamos ante la administración de la Administración de Justicia o el Gobierno del Poder Judicial, lo que no se puede confundir con las funciones de la Administración de Justicia. De hecho, las SSTC 56/1990 y 62/1990, distinguen entre *Administración de Justicia* o Poder Judicial, que es competencia del Estado y *administración de la Administración de Justicia*, que son los medios materiales y personales que se colocan al servicio de la Administración de Justicia (Cfr. art. 122,1 CE) y que sí pueden ser competencia de las Comunidades Autónomas, como explica VALENCIA MIRÓN, "Introducción al Derecho Procesal", op. cit., 2007, pág. 57.

A simple vista podría parecer que el procedimiento arbitral se configura por el nuevo RDAC como un procedimiento administrativo. Así pues, se deduciría de la consideración de las Juntas Arbitrales como órganos administrativos lo siguiente:

- Que su actividad sea administrativa y se rija, en lo no regulado por este, por la L 30/1992, de 26 de noviembre, RJAP-PAC.
- La previsión de que las decisiones de las Juntas sobre admisión o inadmisión del arbitraje pongan fin a la vía administrativa cuando no hayan sido objeto de impugnación posterior ante la Comisión; si lo hubieran sido, las decisiones de la Comisión habrían de resolver dicha impugnación.

No obstante, entendemos que, pese a existir datos para afirmar que el legislador ha querido dar un tinte administrativista a la regulación que establece[45]; este planteamiento-forma de abordar la cuestión sería erróneo. Y por más de una razón:

- Una de ellas es que no existe una remisión total, ni siquiera supletoria, a la legislación del procedimiento administrativo para lo no previsto por el RDAC en lo que se refiere al proceso arbitral, sino sólo respecto de lo relativo al funcionamiento de las Juntas. En caso de haber querido el legislador que el procedimiento arbitral tuviera la consideración de procedimiento administrativo, en primer lugar, lo hubiera expresado así y, en segundo lugar, como en cualquiera de las normas que rigen procedimientos administrativos, hubiera previsto la remisión expresa a la citada ley general 30/1992.
- Otra razón más para huir de esa "administrativización" es el paralelismo existente entre el arbitraje y el proceso jurisdiccional. El arbitraje nace precisamente como un instrumento de solución de conflictos alternativo al jurisdiccional, por lo que no

---

[45] Como los que acabamos de señalar; además, de extremos tales como que, en el caso de árbitro único, este sea designado de entre los propuestos por la Administración; o que, el Presidente del Colegio Arbitral tenga una designación en el mismo sentido, por citar algunos ejemplos que vienen a ratificar tal afirmación.

> puede situarse al nivel del procedimiento administrativo, que es previo a la vía jurisdiccional. De entenderse como un procedimiento administrativo debería entonces preverse la posibilidad de que los laudos fueran recurridos ante la Jurisdicción, al igual que sucede con los actos administrativos. Esto contravendría la definición de arbitraje.

Da que pensar, a la vista de dicha previsión, el que el RDAC parta de la consideración de estos órganos como Administración Pública, calificando estos actos de las Juntas Arbitrales y de la Comisión como actos administrativos. Esto llega a que nos planteemos la siguiente cuestión: El art. 25.1 L 29/1998, de 13 de julio, reguladora de la Jurisdicción Contencioso Administrativa (en adelante LJC-A) –que delimita la actividad administrativa impugnable–, preceptúa que "(...) el recurso contencioso-administrativo es admisible en relación con las disposiciones de carácter general y con los actos expresos y presuntos de la Administración Pública que pongan fin a la vía administrativa (...)".

De la simple conjunción de los preceptos citados del RDAC/2008, y de la remisión de este a la LJCA, se puede extraer que las decisiones de la Junta Arbitral y de la Comisión en materia de admisión o inadmisión del arbitraje, son recurribles ante la Jurisdicción Contencioso Administrativa. Cuestión distinta sería que a efectos prácticos sirviera para agotar la vía judicial hasta alcanzar una resolución satisfactoria e iniciar el procedimiento de arbitraje –puesto que supondría interponer el correspondiente recurso contencioso–. Habría que ver si no es más rápido acudir directamente a la vía judicial para la solución del conflicto. Y todo ello suponiendo que en el primer caso se estime la pretensión por el órgano jurisdiccional. Si se decidiera que procede la inadmisión del arbitraje no hubiera servido más que para perder el tiempo.

Tratemos una cuestión de especial interés que nos parece merecedora de una consideración aparte. Es el caso de que, a cualquiera de las partes le interesara dilatar la resolución del conflicto. El arbitraje puede retrasarse hasta el absurdo e, incluso, podría no llegar a celebrarse; porque el recurso ante la Comisión que se puede plantear por la decisión de la JAC, es utilizado, tanto en los casos en los que haya resuelto no admitir el arbitraje como en el caso que haya resuelto admitir. Ello nos llevaría a someter la decisión de si procede la celebración del arbitraje o no ante el órgano jurisdiccional.

Podemos plantearnos otra cuestión, probablemente favorable para las partes. Se trata de la posibilidad contenida en el art. 25.2 LJCA, que considera que "(...) también es admisible el recurso contra la inactividad de la Administración y contra sus actuaciones materiales que constituyan vía de hecho". Pensemos en el supuesto de que una vez presentada una solicitud de arbitraje no se diera trámite a la misma por la JAC o que, iniciado el procedimiento, pasara el tiempo sin que se realizara actividad alguna por los órganos arbitrales. ¿Podría acudirse a esta vía de impugnación facilitada por la LJC-A para exigir a la JAC la tramitación de la solicitud de arbitraje? O bien, si no, para exigir al órgano arbitral la continuación del procedimiento? Sería cuestión de probar suerte, en caso de encontrarse en esa situación de inactividad o vía de hecho, y ver cómo la resuelven los Tribunales del Orden Contencioso-Administrativo.

Concluyamos que, de la regulación establecida en el RDAC/2008 puede incluso comprobarse que el paralelismo del procedimiento arbitral de consumo no se hace con los trámites del procedimiento administrativo, sino con los del proceso jurisdiccional. Como muestra de ello puede citarse la posibilidad de reconvención, inexistente en el procedimiento administrativo y, sin embargo, prevista en el proceso jurisdiccional. O bien, el hecho de que al hablarse de contestación a la solicitud de arbitraje, se esté claramente identificando dicho trámite con la contestación del proceso jurisdiccional.

Ahora bien, el RDAC/2008 señala que la actividad de la Junta Arbitral es administrativa. Entendemos que, si bien se trata de un órgano administrativo por establecerlo así dicha norma, sus decisiones no tienen por qué ser, al menos todas ellas, actos administrativos. No toda la actuación que realiza la Administración Pública (de entenderse que tienen esa consideración) se manifiesta en actos administrativos. Piénsese que la Administración puede también actuar, y así lo hace, sujeta al Derecho Privado.

No obstante, insistimos que, este RDAC/2008 señala que ponen fin a la vía administrativa las decisiones de las Juntas Arbitrales sobre admisión o inadmisión del arbitraje que no hayan sido objeto de impugnación posterior ante la Comisión. Si lo hubieran sido, son las decisiones de la Comisión las que habrían de que resolver dicha impugnación (arts. 35,2 y 36,4).

Por todo ello, llegamos a la conclusión de que el procedimiento arbitral de consumo *no es un procedimiento administrativo*, sino un equivalente a la vía jurisdiccional para la solución de conflictos; y si el legislador pretende reforzar la intervención de la Administración en el arbitraje de consumo, lo hace, tal y como se señala en la Exposición de Motivos, siempre en aras de garantizar la transparencia en el funcionamiento del sistema y la seguridad jurídica de las partes, principios que se presuponen implícitos en la actuación de la Administración Pública.

En cualquier caso, y a modo de resumen, creemos que el legislador, independientemente del carácter administrativista que pretende imbuirle a todo el articulado de la Ley, cuando hace referencia a "*pone fin a la vía administrativa*", realmente hay que interpretarlo como "*abre la vía judicial*". De otro modo, como decimos, estaríamos cayendo en el absurdo de recurrir judicialmente la resolución de aceptación/denegación de la solicitud de arbitraje, pudiendo durar años dicha vía judicial y sin haber comenzado siquiera el propio arbitraje (lo cual es totalmente contrario a la naturaleza de rapidez a la que aspira todo el sistema arbitral). Además, se estaría considerando al arbitraje como paso previo al jurisdiccional, y eso es completamente falso.

C.1.2. Tipos y funciones de las JAC

En el art. 5,2 RDAC/2008, se distinguen dos tipos de Juntas Arbitrales:

- La Junta Arbitral Nacional, adscrita al INC.
- Las Juntas Arbitrales Territoriales, constituidas mediante convenio de colaboración entre las Administraciones Públicas y

el INC. Se podrán prever delegaciones de las mismas, ya sean Territoriales o sectoriales. A este respecto, como el propio INC indica, pueden ser:

- De ámbito autonómico.
- De ámbito provincial.
- De mancomunidad de municipios.
- De ámbito municipal.

Aunque este esquema no se recoge expresamente en el RDAC/2008, no se ha modificado respecto de la regulación anterior.

En lo referente a las funciones de las Juntas Arbitrales de Consumo, se han incrementado notablemente en el RDAC/2008, si bien debemos llamar la atención en lo que a la mediación previa[46] se refiere. Mientras que en el anterior RDAC/1993 sólo se hacía referencia al hecho de que las Juntas realizarían "*actuaciones de mediación respecto de controversias derivadas de quejas o reclamaciones de consumidores y usuarios*", no siendo posible confundir esa labor de mediación de la Junta Arbitral con la función conciliadora que se fijaba para el Colegio Arbitral[47], en el actual RDAC/2008 se ha avanzado un paso más y se le otorga carácter de obligatoriedad a la mediación previa, convirtiéndola en parte del procedimiento arbitral (hasta el punto de que suspende procedimiento art. 49,1 RDAC/2008[48]), y por ende, de preceptivo cumplimiento –en este sentido, el art. 6.f) en relación con el 38 del RDAC/2008–. Quizás en base a que dicha función mediadora tenía cada vez mayor virtualidad en la práctica cotidiana de las Juntas Arbitrales de Consumo, en este

---

[46] Según la *Memoria* del INC en el año 2004 fueron un total de 4.060 lo que supone un 20'76% del total. Línea que se sigue hasta el 2008 casi en igualdad (20,64%).

[47] El art. 12.4 RDAC/1993, recogía que: "En el trámite de audiencia, el Colegio Arbitral podrá intentar la conciliación entre las partes que, de lograrse, se recogerá en el laudo".

[48] Artículo 49,1 RDAC: (…) El plazo para dictar laudo se suspenderá, además de por las causas y en los plazos previstos en el artículo 22, para el intento de mediación previa prevista en el artículo 38, por un período no superior a un mes desde el acuerdo de iniciación del procedimiento arbitral.

sentido OROZCO PARDO y PÉREZ-SERRABONA GONZÁLEZ[49], reconocen cómo el aumento del número de reclamaciones resueltas por mediación (incluso ya iniciado el procedimiento), ha llegado a convencer al legislador de la necesidad de institucionalizar la mediación previa que, de hecho, ya se llevaba a cabo por muchas Juntas Arbitrales. Tanto es así, que tal como se recoge en el art. 25 *in fine* RDAC/2008 en la oferta pública de adhesión, la aceptación de arbitraje conlleva la de mediación previa.

Por su parte, el art. 38 RDAC/2008 establece que una vez iniciado el procedimiento, caso de no existir causas de inadmisión de la solicitud de arbitraje[50], se intentará la mediación –salvo que esta no proceda, art. 6.f) RDAC/2008– para que las partes alcancen un acuerdo que ponga fin a la controversia, siempre que no exista oposición expresa de cualquiera de ellas o conste que la mediación ha sido intentada sin efecto.

Corresponde al secretario de la JAC dejar constancia en el procedimiento arbitral de la fecha de inicio y fin de la mediación y del resultado de esta.

Quien actúe como mediador estará sujeto a los mismos principios de independencia, imparcialidad y confidencialidad que se exigen a los árbitros[51]. Los mediadores no podrán ser árbitros en caso de que se siguiera el procedimiento arbitral (art. 22,1 RDAC/2008), ni en ese asunto ni en otro que tuviera relación estrecha con él.

C.1.3. Especial referencia a la competencia territorial de las JAC

Respecto de la competencia de las Juntas Arbitrales de Consumo el art. 8 RDAC/2008 regula que será competente para conocer de las solicitudes individuales de arbitraje de los consumidores o usuarios, en

---

[49] OROZCO PARDO y PÉREZ-SERRABONA GONZÁLEZ, "El arbitraje de consumo", (Coord. González Montes, J.L.), op. cit., 2008, pág. 446.

[50] Vid. *infra* IV.C.2.- Solicitud y fase de admisión.

[51] Vid al respecto, IV.B.- Principios inspiradores del proceso arbitral de consumo, y IV.C.1.- Breve introducción a las A.D.R. La mediación en el arbitraje de consumo.

primer lugar, la JAC a la que ambas partes, de común acuerdo, sometan la resolución del conflicto. Subsidiariamente, y en segundo lugar, en el caso de que no exista acuerdo, se sigue el criterio del domicilio del consumidor, y si en este existen varias JAC territoriales, conocerá del asunto la de inferior ámbito territorial.

Hasta aquí parece que todo está claro. Pero vamos a lanzar al aire una pregunta: ¿Qué ocurriría en el hipotético caso de que existieran dos o más Juntas de igual ámbito territorial? ¿Podríamos considerar la existencia de alguna JAC –provincial, o incluso autonómica– como superior jerárquico? Del articulado del RDAC/2008 se deduce que no existe estructura jerárquica. Sin embargo, la nueva Comisión de las JAC puede "parecer" en cierto modo jerárquica cuando resuelve el recurso de admisión/inadmisión de las solicitudes de arbitraje antes mencionado, por ejemplo.

Así pues, cabe afirmar que, en principio, toda JAC es competente en su ámbito territorial sin perjuicio de que también lo sean otras. El consumidor puede presentar una solicitud de arbitraje ante una JAC cuyo ámbito territorial *no coincida exactamente* con el correspondiente a su domicilio. Si el consumidor se somete expresamente a una Junta distinta a la que le corresponde por domicilio, y si el reclamado admite y reconoce la competencia de esa JAC, ¿con qué criterio puede el Presidente de la JAC rechazar su admisión a trámite? Obviamente, con ninguno. Recordemos además que no existen reglas de reparto ni de subordinación, ni reglas que determinen consecuencias de procedimientos concurrentes (no existe la litispendencia), por lo que tampoco estará esa JAC sujeta a declinatorias de competencia. Ninguna Junta puede ser requerida de incompetencia por otra, sea cual sea el domicilio del consumidor (de hecho, no se prevé este conflicto por el RDAC/2008). Por eso llegamos a la conclusión, como ya lo hiciera ÁLVAREZ ALARCÓN[52], de que todas las JAC son competentes para conocer de cualquier conflicto. Una JAC cualquiera puede decidir una cuestión en la que el domicilio del consumidor, el del empresario y el del acto de consumo no

[52] ÁLVAREZ ALARCÓN, "El sistema español de arbitraje de consumo", INC, Jerez, 1999, pág. 128.

sean coincidentes con el territorio de aquella, ni con el domicilio del consumidor siquiera.

Ahora bien, en principio, no hay ninguna JAC que pueda declararse incompetente. Y decimos "en principio" porque el art. 37,1 RDAC/2008 recoge que el Presidente de la JAC conocerá de su competencia territorial y señala, que de no ser competente, se trasladará a la JAC a la que corresponda. Este precepto esta indicándonos la posibilidad de la declaración de incompetencia territorial de oficio.

Pero entendemos que este artículo se refiere al caso de existir convenio arbitral; porque, en caso contrario, se le dará traslado al reclamado para su aceptación. Lo cual nos lleva a la conclusión de que todo este tema de la competencia territorial se reduce a un problema de existencia o no de convenio arbitral.

De otra parte, en el caso de que exista una *oferta pública limitada* territorialmente al ámbito de una JAC (o bien una cláusula de sumisión a una JAC concreta en el Convenio arbitral), el consumidor deberá presentar su solicitud de arbitraje donde se hubiere concretado. Si se presentara la solicitud en una JAC distinta a la que figure en la oferta o convenio, el Presidente no podría inadmitirla en principio por motivos territoriales porque entendemos que caben dos posibilidades de solución:

1. Cuando no consta –o no es válido– el Convenio, el Presidente tramita la solicitud y propone al reclamado que admita el arbitraje en esa JAC. Si el reclamado aceptara –expresa o tácitamente– la solicitud de arbitraje, el Presidente no podría rechazar la admisión a trámite de la solicitud; el órgano arbitral tampoco podría apreciar su incompetencia, ni cabría la anulación del laudo por motivo alguno.
2. Cuando hay convenio, se acuerda su traslado a la JAC en cuyo ámbito territorial resulta operativa la oferta pública o sumisión contractual al arbitraje de consumo, salvo que el reclamante prefiera desistir (laudo de no fondo).

Esta tesis viene a avalarse por el hecho de que el propio el RDAC/2008 dice que cuando exista *limitación territorial en la oferta pública de adhesión* al SAC, en primer lugar será competente –como no puede ser de otra manera– la JAC a la que se haya adherido la empresa o profesional, y en segundo lugar (y aquí está el quid de la cuestión), si estas JAC fueras varias, será competente aquella por la que opte el consumidor –art. 8,3 RDAC/2008–.

Por último, solo hacer notar que se invierte el orden de la prelación de "fueros" (si es que podemos llamarlos así), respecto al RDAC/1993, cuyo art. 3 declaraba la preferencia del domicilio del consumidor; en caso de existir varias Juntas prevalecería la de inferior ámbito y, por último, el factor de la libertad de las partes (la cual pasa a ser el primer criterio a tener en cuenta en la actual regulación con la expresión "de común acuerdo").

Hagamos unas reflexiones en este momento:

- Por una parte, tengamos en cuenta que si el domicilio del consumidor fuera un criterio de reparto de competencia, nunca sería competente una Junta Autonómica o de Mancomunidad (o incluso Nacional, para la que, como veremos posteriormente, no hay criterio territorial).
- Por otra parte, podemos llegar a la conclusión de que en caso de que se haya seguido el procedimiento en su totalidad por una Junta incompetente territorialmente, sin que ni las partes ni la propia Junta lo hayan apreciado o puesto de manifiesto, el laudo que pusiera fin a la controversia no podría ser impugnado por incompetencia territorial.

Tema distinto es el que se refiere a la admisión de la oferta pública de adhesión; el art. 27 del RDAC/2008 regula que será competente la JAC del ámbito territorial en el que la empresa o profesional desarrolle su actividad, y si existieran varias JAC, será competente la de mayor ámbito territorial[53]. Lo cual tiene su lógica, porque si el empresario o profesional se está adhiriendo a un SAC, independientemente de que su

[53] No podemos perder de vista el art. 25,2 RDAC cuando regula que "la oferta pública de adhesión será única y se entenderá realizada a todo el Sistema Arbitral de Consumo". De este precepto podemos sacar dos conclusiones:

ejercicio profesional sea de mayor o menor ámbito, la JAC debe ser la de mayor ámbito territorial –"quien puede lo más puede lo menos"–.

Sin embargo, cuando la parte activa es el consumidor, el proteccionismo hacia este que imbuye el espíritu de la Ley (RDAC/2008) hace que el criterio sea al revés: en caso de que la empresa o profesional se haya adherido a varias JAC, será competente aquella por la que opte el consumidor, independientemente de la que hubiera sido competente para conceder la adhesión.

Por otra parte, otro dato a tener en cuenta en relación a la Junta Arbitral Nacional: ha desaparecido la referencia que hacía el anterior RDAC/1993 respecto a su ámbito territorial. Ello puede deberse a la desacertada redacción del art. 3.2 del RDAC/1993. Con ella resultaba extraordinariamente difícil establecer los supuestos que excedían del ámbito de la Comunidad Autónoma (en adelante, CA) y, sobre todo, determinar que ocurría si el conflicto afectaba a consumidores de más de una CA, o si la solicitud se presentaba por asociaciones de consumidores cuyo ámbito territorial excedía del de la CA, pero no así el conflicto. Pues bien, se tuvo que acudir a la interpretación por parte de la jurisprudencia de las audiencias provinciales[54] para determinar que se exigía la concurrencia de ambos presupuestos. Es decir, que la solicitud de arbitraje se presentase a través de una asociación de consumidores cuyo ámbito excediese del de una CA; y todo ello siempre que se tratase de controversias que sobrepasasen ese mismo ámbito.

---

1. Entendemos que se ha producido una presunción de adhesión general al SAC, (con lo que se pone fin a uno de los problemas prácticos que presentaba la regulación anterior, cuando se tenía que determinar si la oferta se realizaba a todo el SAC o solo a la Junta arbitral donde se presentaba el escrito de adhesión).

2. En cuanto a la oferta pública limitada de carácter territorial, implica que esta debe precisar expresamente la Junta o Juntas arbitrales de Consumo a las que se somete el empresario. Precisamente por ello, el RDAC distingue entre la competencia para resolver la admisión de la oferta pública –art. 27– y la competencia para resolver la admisión de la solicitud de arbitraje presentada por el consumidor –art. 8–.

En igual sentido, BONACHERA VILLEGAS, R., "Los arbitrajes especiales", op. cit., 2010, pág. 123.

[54] Al respecto Sentencia AP de Tarragona de 13 de marzo de 2001. En la misma línea, Sentencia AP de Burgos de 5 de enero de 2000.

Como hemos dicho, el RDAC/2008 no entra a determinar el ámbito territorial de actuación de la JAC Nacional, no sabemos bien si por olvido o descuido del legislador, voluntario o inconsciente. Lo que queda claro es que el criterio ya mencionado respecto a la legislación anterior, puede y debe servirnos de base ante la realidad de este silencio o laguna.

C.2. Comisión de las juntas arbitrales de consumo

Se trata de un órgano creado *ex novo* por el RDAC/2008 junto con el Consejo General del Sistema Arbitral de Consumo. La Exposición de Motivos les atribuye el carácter de instituciones fundamentales, establecidas "en orden al funcionamiento integrado del sistema", y para "garantizar la seguridad jurídica de las partes". Son considerados como "mecanismos que favorecen la previsibilidad del sistema".

La Comisión de las Juntas Arbitrales de Consumo es un órgano colegiado, adscrito funcionalmente al INC a través de la Junta Arbitral Nacional. Se compone por el Presidente, que será el de la Junta Arbitral Nacional; por dos vocales designados por el Consejo General del Sistema Arbitral de Consumo entre los Presidentes de las Juntas Arbitrales Territoriales; y por el Secretario, que asistirá a las reuniones con voz pero sin voto, y que se designará entre el personal del INC.

Estará asistida por dos árbitros designados por el Consejo, resultantes entre los propuestos por los representantes en dicho órgano del Consejo de Consumidores y Usuarios y de las organizaciones empresariales y profesionales.

Estamos ante un órgano con competencia para el establecimiento de criterios homogéneos en el Sistema Arbitral de Consumo. Para ello cuenta con la emisión de informes técnicos, dictámenes o recomendaciones que faciliten la labor de los órganos arbitrales y eviten pronunciamientos contradictorios; asimismo, dispone de la potestad de emitir informes preceptivos en la admisión de las ofertas públicas de adhesión limitada al Sistema Arbitral de Consumo. Este informe es además vinculante cuando su pronunciamiento sea contrario a la admisibilidad de la oferta.

Tiene además competencia para la resolución de los recursos que se formulen frente a las resoluciones de admisión/inadmisión a trámite de la solicitud de arbitraje emitidas por los Presidentes de las Juntas Arbitrales de Consumo. Se trata de una novedad introducida por el RDAC.

Con la doble finalidad de garantizar la transparencia en el funcionamiento del SAC y de reforzar la seguridad jurídica de las partes (ánimo resaltado especialmente por la Exposición de Motivos, y al que ya se ha hecho mención), se introduce expresamente la publicidad de sus resoluciones, así como de las informaciones relevantes sobre dicho sistema.

C.3. Consejo general del sistema arbitral de consumo

Con idénticas características y finalidades que las señaladas para la Comisión de las Juntas Arbitrales de Consumo, y con la misma adscripción funcional al INC, es también un órgano colegiado, de representación y participación en materia de arbitraje de consumo.

Se integra por un presidente, un vicepresidente y veinte consejeros, integrados por una amplia representación de la Administración General de Estado, de las Juntas Arbitrales de Consumo y de las organizaciones sociales[55].

Se le encomiendan funciones relativas al establecimiento de criterios generales del funcionamiento del Sistema Arbitral de Consumo (propues-

---

[55] El Presidente del Consejo es el Presidente del INC; el vicepresidente es el director INC; y, los consejeros serán el Presidente de la Junta Arbitral Nacional, cuatro Presidentes de la Juntas Arbitrales Territoriales, designados por la Comisión de Cooperación de Consumo y por la asociación de mayor implantación en el ámbito estatal representativa de las entidades locales, un representante del Ministerio de Justicia, un representante del Ministerio de Administraciones Públicas, un representante del Ministerio de Economía y Hacienda, un representante del Ministerio de Industria, Turismo y Comercio, dos representantes de consumo de las Comunidades Autónomas o ciudades con Estatuto de Autonomía, dos representantes de la asociación de mayor implantación en el ámbito estatal representativa de las Entidades locales, Tres representantes del Consejo de Consumidores y Usuarios, designados por este órgano a través de las organizaciones de consumidores y usuarios, dos representantes de las organizaciones empresariales y profesionales (uno de ellos al menos deberá representar a las pymes), un representante del Consejo Superior de las Cámaras de Comercio, y un representante del Consejo General de la Abogacía.

tas de mejora, aprobación de la memoria anual del sistema, aprobación de los programas comunes de formación de los árbitros, facilitación de la cooperación y comunicación entre las Juntas y los árbitros, edición y divulgación de los informes técnicos, dictámenes y recomendaciones de la Comisión, de los laudos dictados por las Juntas, etc.).

C.4. Órganos arbitrales

Son los órganos competentes para decidir sobre la solución de los conflictos. Actúan asistidos por un Secretario, que desarrolla, entre otras, las siguientes funciones (por otra parte, análogas a las del Secretario Judicial, salvadas las distancias):

- Dar fe de la realización de los actos procedimentales realizados por o ante el órgano arbitral.
- Aseguramiento del funcionamiento del Registro de documentos.
- Expedición de certificados de las actuaciones arbitrales no reservada a las partes.
- Facilita información a los interesados.
- Impulso del procedimiento.
- Levantamiento del acta de las audiencias.
- Realización de notificaciones de las actuaciones arbitrales, etc.

Los órganos arbitrales pueden ser de dos tipos: unipersonales y pluripersonales (o, en términos normativos, colegiados).

• Los **órganos unipersonales** se introducen como novedad[56], puesto que no se preveían en el RDAC/1993 (no habiendo razón para ello,

[56] Existen argumentos a favor y en contra de que sea tan solo un árbitro el que decida el laudo. Los argumentos a favor se centran en: una mayor economía de medios y mayor rapidez en la sustanciación del procedimiento arbitral, mientras que por el contrario, se entiende que la existencia de varios árbitros conlleva, por ejemplo, una responsabilidad compartida y mayores posibilidades de acierto en el enjuiciamiento, sobre todo para arbitrajes que contemplan cuestiones complejas. En los arbitrajes internacionales, y por ello el contenido del art. 10 Ley Modelo UNCITRAL, la colegiali-

dado que se trata de una posibilidad que ya se ofrecía desde la LA/1988 y ha sido retomada por la LA/2003, en su art. 19).

Los órganos unipersonales serán competentes para conocer los asuntos cuando:

- Lo acuerden las partes, o
- El Presidente de la Junta Arbitral; en este caso, la controversia ha de ser inferior a 300 euros y su falta de complejidad así lo aconseje –art. 19 RDAC/2008–. En caso de oposición por alguna de las partes, se designará un Colegio Arbitral. En cuanto al momento procesal oportuno para realizar la oposición, el RDAC/2008 guarda silencio. No obstante, creemos que ha de entenderse que tal oposición ha de realizarse en los trámites en los que las partes realizan sus respectivas alegaciones[57].

---

dad del árbitro está más consolidada por diversos factores, tales como: el deseo de los implicados en la participación de árbitros de parte, de constituir un tribunal neutral con respecto a la nacionalidad de las partes, necesidad de nombrar árbitros especializados en diferentes materias, etc. Vid. al respecto, GISBERT POMATA, M., "Título II. De los árbitros", en "Comentarios a la nueva ley de arbitraje", AAVV (Coord. Hinojosa Segovia, R.), Difusión jurídica y Temas de Actualidad Ed., Barcelona, 2004, p. 80.

Debemos tener en cuenta que, cuando nos encontramos ante un arbitraje sectorial –por ejemplo, respecto al arbitraje de consumo que nos ocupa–, la regla general (a la inversa de lo que sucede con el resto de arbitrajes) es que el número de árbitros sea tres, por resultar necesario que dos sectores implicados se encuentren representados, lo que exige la existencia de un órgano colegiado.

La novedad introducida por el RDAC/2008 del órgano unipersonal en el arbitraje de consumo, además de llevarse a la práctica en una minoría de casos, está levantando un notable malestar entre los sectores de asociaciones de empresarios y de consumidores (los otros 2 vocales del Colegio Arbitral) que son los que se quedarían fuera de la composición. En cualquier caso, no encontramos inconveniente alguno en la designación de árbitro único, para seguir la línea de rapidez que imbuye toda la regulación del arbitraje de consumo. De hecho, iremos comprobando a lo largo del presente trabajo cómo el Presidente tiene asumidas posibilidades de actuación por sí solo, sin necesidad de contar con el resto de los vocales, luego esto sería dar un paso más.

[57] A saber:

- El consumidor al tiempo de realizar la solicitud de arbitraje cuando el empresario hubiere realizado la oferta pública de sometimiento al SAC indicando sumisión a un órgano unipersonal, o bien lo hubiere designado la JAC.

El árbitro único será designado por el Presidente de la Junta Arbitral entre los árbitros acreditados propuestos por la Administración Pública (¿cierto "tinte" administrativista?). No obstante, se ofrece la posibilidad de que las partes, de común acuerdo, soliciten –por razones de especialidad– que la designación recaiga en otro árbitro acreditado.

• Los **órganos colegiados** actuarán en los casos en los que, conforme a lo señalado anteriormente, no quepa conocer por un órgano unipersonal. Se trata de un tribunal arbitral compuesto por tres árbitros[58], elegidos entre los propuestos por la Administración, las asociaciones de consumidores y usuarios y las organizaciones empresariales o profesionales. Quizás por ese "tinte" administrativista anteriormente aludido, actúa como Presidente el árbitro propuesto por la Administración. En este caso, se concede a las partes que, de común acuerdo, puedan solicitar la designación de otro árbitro para ostentar dicho cargo, siempre que la especialidad así lo requiera y en el supuesto de que la reclamación se dirija contra una entidad pública vinculada a la Administración a la que esté adscrita la Junta Arbitral. Sorprende que esta última posibilidad no se conceda en el caso del árbitro único y se ciña a los casos de especialidad. Podría decirse que donde la Ley no distingue no debemos distinguir, pero entendemos que lo razonable sería extender esta posibilidad al caso de árbitro único, en aras de la transparencia y seguridad jurídica resaltadas por la Exposición de Motivos del RDAC, y del elemental principio de imparcialidad.

Respecto a la designación de los árbitros, corresponde al Presidente de la Junta Arbitral en cuestión.

– El empresario se opondrá al contestar la solicitud de arbitraje. Pero mayores dudas se nos suscitan ante la oposición del empresario cuando sea el presidente de la JAC quien hubiere designado árbitro único en la resolución que acuerda la admisión de la solicitud a arbitraje. Está claro que no cabe oposición del empresario, pero la idea de recusar al árbitro designado no nos convence.

(Cfr. respecto a este tema MARÍN LÓPEZ, M. J., "Análisis del Real Decreto 231/2008, de 15 de febrero, que regula el Sistema Arbitral de Consumo", en Centro de Estudios de Consumo, 2008, pág. 3. Referencia Internet: http://www.uclm.es/centro/cesco/pdf/trabajos/19/2008/19-2008-1.pdf)

[58] Art. 20 RDAC/2008. En este tema, sí coincide con la legislación anterior –art. 11 RDAC/1993–.

En caso de que el arbitraje haya de decidirse en derecho, los árbitros designados de entre los propuestos por las asociaciones sociales deberán ser licenciados en Derecho, como no puede ser de otra manera por prescripción legal. No se hace esta aclaración en el RDAC/2008 para los árbitros propuestos por la Administración; en todo caso se exige que "deberán tener dicha cualificación –licenciatura en Derecho–, tanto para los arbitrajes de derecho como para los de equidad". En caso de que se resuelva en equidad, obviamente, no se exigirá dicha titulación a los árbitros propuestos por tales asociaciones, por aplicación supletoria del art. 13 LA/2003.

C.4.1. Especial referencia a la abstención y/o recusación de los árbitros

Como medida de control aparece la recusación. En el arbitraje de consumo la figura del árbitro no surge por la voluntad de las partes sino por la propia regulación del arbitraje. Recogiendo lo previsto en la LGDCU/2007, la composición del Colegio da entrada a representantes de los dos sectores que se encuentran en conflicto y, precisamente por pertenecer a esos grupos cuyos miembros están en disputa, pueden ser calificados, sin temor a exagerar, en múltiples ocasiones como juez y parte en el juicio que deben fallar. La imparcialidad no aflora de la concurrencia de varias posturas parciales, como tampoco una verdad se extrae de varias mentiras. En la práctica, las partes que acuden a un arbitraje no distinguen entre los vocales y aquellos que les asesoraron antes de llegar a la comparecencia, cuando ambas condiciones recaen en los mismos individuos. En un abanico un tanto ideal, puede que no falle la imparcialidad subjetiva del árbitro, pero si la apariencia de ecuanimidad que es tan importante como aquella porque sirve para sustentar su autoridad[59].

En la selección de los árbitros, el primer filtro le corresponde realizarlo a la propia JAC que, además de mantener actualizadas las listas

---

[59] En el mismo sentido, GUTIÉRREZ SANZ, R., "La independencia e imparcialidad de los árbitros en el arbitraje de consumo", XI Jornadas Aragonesas de Consumo. Arbitraje de consumo: Nuevas perspectivas", Dirección General de Consumo, Zaragoza, marzo, 2002.

de Presidentes de Colegios Arbitrales y las de los árbitros-vocales representantes de ambos sectores, debe proceder a la designación de los miembros del Colegio Arbitral, con las salvedades y especialidades que establece el art. 6 RDAC/2008, así como, también designar al Presidente del Colegio Arbitral, salvo que las partes soliciten de mutuo acuerdo hacer ellas ese nombramiento, atendiendo a la especialidad del objeto del arbitraje.

En el tema de la designación de los miembros del Colegio Arbitral se puede plantear un serio conflicto en aquellos supuestos en que los vocales propuestos, en opinión de la Junta Arbitral, no gocen de la necesaria imparcialidad. Lógicamente, habrá que pensar que los representantes recomendados por ambos sectores pueden hallarse de tal forma relacionados con el conflicto objeto de arbitraje que, previsiblemente, no van a mantener la postura de imparcialidad que es necesaria para el desempeño de la labor arbitral.

Parece obvio que ni el sistema previsto por el RDAC ni la actuación de la Junta Arbitral, se presentan como idóneos o suficientes para impedir la falta de imparcialidad –o de su apariencia, al menos–. No nos queda sino buscar un remedio al problema cuando este surja. El remedio no es otro que el de la abstención y la recusación previstos en el art. 22 RDAC/2008 con directa remisión a la LA/2003.

Veamos este régimen de abstención y recusación de los árbitros que tiene por objeto que su actuación se lleve a cabo con la debida independencia, imparcialidad y confidencialidad[60]. Cabe resaltar que no podrán actuar como árbitros quienes hayan intervenido como mediadores en el mismo asunto o en cualquier otro que tuviera una relación estrecha con él[61].

---

[60] Sobre tales principios véase la Recomendación de la Comisión de 4 de abril de 2001 (DOCE 19/04/2001) relativa a los principios aplicables a órganos extrajudiciales de resolución *consensual* de litigios en materia de consumo. Y Cfr. *Infra* IV.B.- Principios inspiradores del proceso arbitral de consumo.

[61] Una precisión conceptual al respecto. Haciendo un paralelismo con la jurisdicción ordinaria, en el proceso laboral existe una fase (Capítulo II, sección 2ª del Título I) denominada "Conciliación y Juicio", en donde el Juez (recordemos, figura hetero-

Las partes podrán recusar a los árbitros en el plazo de diez días desde la fecha en que les sea notificada su designación para decidir el conflicto o desde el conocimiento de cualquier circunstancia que dé lugar a dudas justificadas sobre su imparcialidad o independencia.

Planteada la recusación, el árbitro recusado deberá decidir si renuncia a su cargo en un plazo de 48 horas. Si examinadas las razones alegadas, el árbitro recusado decide no renunciar a su cargo, en el plazo de cuarenta y ocho horas, el Presidente resolverá sobre la recusación. Si el árbitro recusado tuviera la condición de Presidente de la Junta Arbitral de Consumo, se verá obligado a aceptar la recusación planteada.

Admitida la recusación, se procederá al llamamiento del árbitro suplente y a la designación de un nuevo árbitro suplente, a través del mismo procedimiento en que fue designado el sustituido. El nuevo árbitro decidirá si continúa o no con el procedimiento iniciado y, en caso afirmativo, se acordará una prórroga no superior a dos meses para realizar las actuaciones correspondientes. Si la recusación no prospera la parte que la instó podrá impugnar el laudo[62].

---

compositiva), exhortará a las partes para que lleguen a un acuerdo (haciendo las veces de conciliador, con lo cual, se convierte en ese momento en figura autocompositiva). La diferencia entre conciliación y mediación es clara. Parece que el RDAC ha optado por institucionalizar la mediación (en vez de la conciliación) en el proceso arbitral de consumo, convirtiéndola en un requisito de obligado cumplimiento.

En aras a la imparcialidad, independencia y confidencialidad, y por el espíritu propio de la mediación, no podrán actuar como árbitros los que hayan intervenido como mediadores en el mismo asunto o en cualquier otro íntimamente relacionado –art. 22,1 RDAC/2008–. En paridad de criterio, y por poner algún otro ejemplo, en el proceso penal nos encontramos con el principio del "Juez no prevenido" (el que instruyó la causa no podrá dictar sentencia posteriormente. Art. 219,11ª LOPJ).

Somos, por tanto, de la misma opinión de OROZCO PARDO y PÉREZ-SERRABONA GONZÁLEZ, "El arbitraje de consumo", (Coord. González Montes, J.L.), op. cit., 2008, pág. 446, cuando recogen que esta propuesta de la mediación supone un avance, pues institucionaliza y regula, si bien parcialmente, un medio de resolver los conflictos de consumo de una manera consensuada. Esta solución es más positiva en la medida que las partes la sienten como propia y no impuesta por un tercero.

[62] Al respecto, Sentencia AP de Jaén 8613/2003, de 5 de junio. Recurso de anulación del laudo arbitral de consumo basado en la recusación de uno de los árbitros

El procedimiento quedará en suspenso mientras no se haya decidido sobre la recusación, ampliándose el plazo para dictar el laudo[63].

---

miembros de la Junta Arbitral que conoció de la reclamación. Falta de acreditación de motivos de recusación. Cfr. Sentencia AP de Valencia 21694/2002, de 8 de junio.

63 Vid. *Infra* IV.D.3.- Terminación de las actuaciones.

IV.
PROCESO ARBITRAL DE CONSUMO

A. Introducción

Destaquemos que se ha preferido utilizar el término "proceso" frente a "procedimiento", empleado este último por el propio RDAC/2008[64] para redundar en el carácter del arbitraje como *equivalente jurisdiccional*[65]; ello se debe a que los principios básicos que inspiran este proceso

[64] Capítulo IV "Procedimiento arbitral", arts. 33 a 50 del RDAC/2008, sin perjuicio de también recoger o contener ciertas normas procedimentales en otros preceptos. Sin embargo, tales especialidades no deben llevar a pensar que aportan una excesiva rigidez o complejidad a los arbitrajes de consumo, ya que la misma dependerá del conflicto en cuestión; siendo "normal" en la práctica que el procedimiento quede reducido a una única audiencia, la regulada en el art. 44 RDAC, a la que las partes suelen asistir por sí mismas y con aquellas alegaciones y pruebas que estimen oportunas en defensa de sus derechos. Entre las citadas especialidades cabe citar:

- El momento en que se fija el inicio del procedimiento –art. 37–.
- El modo de designación de los árbitros –art. 39,1–.
- La posibilidad de que el empresario reconvenga o el modificar las pretensiones –art. 43–.
- El trámite de audiencia a las partes regulada –art. 44–.
- Los efectos de la incomparecencia de las partes –art. 46–.

[65] Nos referimos al Arbitraje de Consumo como institución y al procedimiento arbitral de consumo, en consonancia con la terminología empleada por el propio RDAC/2008 que, al igual que la LA/2003, ha evitado emplear en su articulado el término "proceso arbitral". Pero, partiendo de la idea asumida con carácter general de que

arbitral, coinciden con los que deben concurrir en el proceso jurisdiccional[66] –como sabemos, igualdad, audiencia y contradicción–, sin perjuicio de la libertad de partes y árbitros para configurar el procedimiento[67]. El proceso es un *actus trium personarum*; cualquier proceso –por ende,

---

los árbitros ejercen la función declarativa jurisdiccional acuñada en el art. 117,3 CE, es absurdo negar que estamos ante un verdadero proceso. Vid. al respecto, BARONA VILAR, S., "Comentarios a la Ley de Arbitraje (Ley 60/2003, de 23 de diciembre). Artículo 24", (Coord. Barona Vilar, S.), Madrid, 2004, pág. 884.

[66] Vid. *infra* IV.B.- Principios inspiradores del proceso arbitral.

[67] El problema aquí reside en el hecho de querer huir de términos jurisdiccionales y, en consecuencia, confundir el término de "procedimiento arbitral" con el de "proceso". No por sabido es menos importante distinguir en este momento estos dos conceptos que, si bien no son sinónimos, se utilizan como tales con demasiada frecuencia. Hablamos de Proceso/Procedimiento.

La doctrina más consolidada, viene tratando desde antiguo esta distinción. Sin ánimo de exhaustividad, citemos: FENECH NAVARRO, "Notas previas al estudio del Derecho Procesal", en Estudios de Derecho Procesal, con CARRERAS LLANSANA, Barcelona, 1962, pág. 42 y ss., que califica al proceso de "instrumento necesario" de la jurisdicción. Todo proceso jurisdiccional viene reglado por un procedimiento, es decir, el procedimiento es el método normativo del proceso, metafóricamente "como lo es el cauce al río, o los raíles al tren". De hecho, también GONZÁLEZ MONTES, J.L., "El Derecho Procesal y sus conceptos básicos", en Separata del Anuario de estudios sociales y jurídicos. Escuela Social de Granada, vol. X-XI, 1981-1982, pág. 120 y 121, entiende "que el proceso sea reglado, el desarrollarse de acuerdo con unas determinadas normas es, precisamente, otra de las características del proceso que nos ocupa. No puede desconocerse, so pretexto de "formalismo", la importancia del procedimiento. (…) Desde nuestra perspectiva, si nos atrevemos a afirmar, ahora que tanto se habla de eficacia y de humanización del proceso, que ambos están en muy estrecha medida condicionados con la propia eficacia del procedimiento". A pesar de los años transcurridos, tenemos que reconocer totalmente actual esta definición y, no podemos por menos, que estar absolutamente de acuerdo con ella. (Cfr. DE LA OLIVA SANTOS, A., "Sobre conceptos básicos del Derecho Procesal", en Revista de Derecho Procesal Iberoamericana, 1976, pág. 191 y ss.)

Como expone también VALENCIA MIRÓN, "Introducción al Derecho Procesal", op. cit., 2007, pág. 265: "Procedimiento equivale a forma del proceso, mientras que este es, a su vez, la forma de la función jurisdiccional. (...) La misma realidad procesal es contemplada desde un punto de vista estático por el procedimiento y desde un punto de vista dinámico por el proceso. (...) El procedimiento es aplicable a cualquier actividad jurídica, el proceso es propio y exclusivo de la actuación jurisdiccional" (y por ende, del arbitraje, en tanto que equivalente jurisdiccional).

también el de consumo– exige esencialmente dos posiciones opuestas, integradas por uno o varios sujetos: la persona/s que formula la pretensión –consumidor, en nuestro caso– llamado demandante, y el/los que se opone a ella –empresario– llamado demandado. La cúspide en este triangulo queda configurada por el Juez –árbitro o Colegio arbitral, en el arbitraje de consumo–. En definitiva, en el proceso debe haber *dualidad de posiciones*[68], con independencia del número de sujetos que ocupan cada una de ellas.

En igual sentido, MONTERO AROCA, J., "Derecho jurisdiccional I. Parte general", Valencia, 16ª Ed., 2008, p. 293 y 391.

Por tanto, el procedimiento –en el arbitraje, y en concreto en el de consumo– se refiere a la forma o aspecto exterior de la actividad arbitral, esto es, a la sucesión de actos o actividad arbitral propia; mientras que el proceso es el medio a través del que los órganos arbitrales ejercen la función jurisdiccional declarativa acuñada en el art. 117.3 CE –e, incluso, la cautelar, tras la actual LA– y, asimismo, es el medio por el que los particulares pueden ver satisfecho su derecho fundamental a la tutela judicial efectiva constitucionalmente reconocido. En igual sentido, MARCOS FRANCISCO, D., "Especialidades en la formulación del objeto del proceso arbitral de consumo: la pretensión, la reconvención y la modificación de las pretensiones", en Revista General de Derecho Procesal, Nº 21, mayo 2010, págs. 1 a 37.

68 Adelantemos a la explicación de los principios inspiradores del proceso de consumo (vid. *infra* IV.B.), que ni el art. 24 LA/2003 ni el art. 41.1 RDAC/2008 aluden al cuarto principio procesal esencial sin el cual no puede hablarse de proceso, a saber, el de dualidad de posiciones. No obstante, la Exposición de Motivos (apartado VI) de la propia LA/2003 ha reconocido, aunque tímidamente, que el arbitraje es un proceso: "en el arbitraje no se reproducen necesariamente siempre las posiciones procesales activa y pasiva de un proceso judicial; o no en los mismos términos. Al fin y al cabo, la determinación del objeto de la controversia, siempre dentro del ámbito del convenio arbitral, se produce de forma progresiva. Sin embargo, la práctica arbitral demuestra que quien inicia el arbitraje formula en todo caso una pretensión frente a la parte o partes contrarias y se convierte, por tanto, en actor; y ello sin perjuicio de que el demandado pueda reconvenir. Parece, por tanto, razonable que, sin perjuicio de la libertad de las partes, el procedimiento arbitral se estructure sobre la base de una dualidad de posiciones entre demandante y demandado. (...) La Ley vuelve a partir del principio de autonomía de la voluntad y establece como únicos límites al mismo y a la actuación de los árbitros el derecho de defensa de las partes y el principio de igualdad, que se erigen en valores fundamentales del arbitraje *como proceso que es*". (La *cursiva* es nuestra).

Centrándonos en el procedimiento del proceso arbitral de consumo, adelantemos que, si bien vamos a hacer un resumen esquemático del mismo, nos pararemos a reflexionar sobre distintas cuestiones puramente procesales que nos parecen, cuando menos, llamativas, importantes o que han supuesto alguna novedad en la regulación del Sistema de Arbitraje de Consumo. Sin embargo, destaquemos que no va a ser objeto de estudio en profundidad en el presente trabajo, ni el arbitraje electrónico ni el colectivo, habida cuenta de la importancia y extensión de los mismos, pues se reduciría la opción de entrar en profundidad en los temas procesales regulados en el proceso arbitral de consumo que es el tema que realmente nos ocupa.

Comencemos, pues, este capítulo comprobando que, aunque no varía sustancialmente con el regulado en la LA/2003, sí cabe hacer una distinción desde ahora, y es que mientras que en la citada ley la determinación del procedimiento está referida al acuerdo de las partes que pueden convenirlo libremente –art. 25 LA/2003–, no encontramos norma semejante en el RDAC/2008, de modo y manera que han de seguirse necesariamente las reglas procedimentales que se prevén en este, siendo el órgano arbitral el director del procedimiento –art. 42,1 RDAC– en atención a que se trata de un arbitraje institucional[69] –art. 1.2 RDAC–. Por supuesto, ello sin perjuicio de la supletoriedad[70] de la LA/2003.

En igual sentido, BARONA VILAR, S., "Comentarios a la Ley de Arbitraje (Ley 60/2003, de 23 de diciembre). Artículo 24", (Coord. Barona Vilar, S.), op. cit., 2004, p. 884.

[69] Ciertamente, el arbitraje de consumo, como ocurre con la mayoría de los arbitrajes especiales que existen constituye un modelo de arbitraje institucional. Procede por tanto distinguir el arbitraje *ad hoc*, del arbitraje institucional. De manera muy resumida, podemos decir que el arbitraje *ad hoc* es aquel en el que las partes designan, para un conflicto concreto, a los árbitros o a la persona física o jurídica, no existiendo ninguna institución que administre el sistema –siendo las propias partes las que suministran las normas sobre las que deben actuar y todo lo necesario para la realización del arbitraje–. Mientras que el arbitraje institucional es aquel encomendado a una institución especializada –ya sea de carácter corporativo o asociativo, sin ánimo de lucro–, a la que se encomienda no sólo la designación de los árbitros sino también la administración del arbitraje –art. 14 LA/2003–.

[70] Art. 3,1 RDAC/2008.

En cualquier caso, queremos hacer notar que se ha diseñado un procedimiento ágil, que pretende ser rápido y eficaz, propio de la esencia misma de un conflicto de consumo. De hecho, en este contexto, BONET NAVARRO[71], ha señalado que el gran éxito del arbitraje de consumo "se debe a una institución permanente que presta su organización para la designación del Colegio, otorgamiento del convenio arbitral, recepción de las ofertas públicas de arbitraje, aceptación de renuncias, otorgamiento de distintivos a las empresas...". Se distinguen así en el arbitraje de consumo, dos tipos de órganos:

- Los encargados de la administración del arbitraje: JAC, Comisión de las JAC y el Consejo General del SAC.
- Los encargados de conocer de las controversias: árbitro único o Colegio arbitral.

Así, recapitulando, vemos cómo se recoge en el art. 33,1 RDAC: la solución del conflicto se decidirá "en equidad" (a no ser que las partes opten expresamente por el arbitraje de derecho, es decir, justamente lo contrario que prevé la LA/2003[72]). Aunque el arbitraje en equidad

---

[71] BONET NAVARRO, J., "Fuentes y caracteres del arbitraje de consumo", en "El sistema arbitral español" (Coords. QUINTANA CARLO-BONET NAVARRO), Navarra, 1997, Págs. 61 y 62.

[72] Art. 34.1 LA/2003: "Los árbitros sólo decidirán en equidad si las partes les han autorizado expresamente a ello".

Pero advirtamos en este sentido que, uno de los aspectos destacados de la Reforma de la Ley 11/2011 es que mantiene la posibilidad de pactar la cláusula de equidad en los arbitrajes internos, posibilidad que había desaparecido en el Proyecto presentado al Congreso. La desaparición de dicha posibilidad había causado una honda inquietud en la comunidad arbitral ya que suponía, por un lado, una clara limitación a la autonomía de la voluntad de las partes de la que, paradójicamente, el arbitraje es uno de los frutos más destacados. Y, por otro lado, eliminaba un sistema de resolución de conflictos de amplia tradición en el ámbito interno, que representa un valioso instrumento para resolver determinadas controversias (como aquellas de marcado carácter técnico), y que en ocasiones puede resultar más adecuado que el arbitraje de derecho en la obtención de una solución justa para el caso.

Además, dicha supresión suponía apartarse del modelo monista que, acertadamente, inspiró nuestra LA/2003, en la que se regula de la misma forma (con algunas pequeñas excepciones) el arbitraje interno y el internacional.

implica la no sujeción a normas jurídicas, pues prevalece, según la expresión clásica, *el leal saber y entender* de los árbitros, el art. 33,2 del RDAC hace referencia expresa a las normas jurídicas aplicables y a las estipulaciones del contrato como material de apoyo en la decisión de los árbitros, decisión –laudo– que en todos caso deberá ser motivada[73].

La distinción entre arbitraje de derecho y de equidad es una alternativa que se adopta desde antiguo en los diferentes ordenamientos jurídicos. Durante mucho tiempo nuestro Ordenamiento jurídico reguló separadamente estas dos alternativas, sin establecer una preferencia entre una u otra modalidad de arbitraje. La preferencia se adopta por primera vez en la LAP/1953, que opta por el arbitraje de derecho, en defecto de pacto en contrario por las partes contratantes. En el arbitraje de derecho, como su nombre indica, el árbitro resuelve la cuestión litigiosa con sujeción a una norma jurídica establecida, a modo semejante a como lo haría el órgano jurisdiccional en el proceso. Por el contrario, como decimos, el arbitraje de equidad permite a los árbitros –obviamente, también de consumo[74]– resolver la cuestión litigiosa según su leal saber y entender, sin necesidad de recurrir a la aplicación de norma

Por último, ante la falta de disposiciones transitorias relativas a este tema, se planteaba un problema prácticamente irresoluble con las cláusulas de equidad ya pactadas pero aún no activadas: ¿debía entenderse decaído el acuerdo arbitral en equidad? ¿O por el contrario había que entender que dicho acuerdo devenía en acuerdo de arbitraje de derecho? Ninguna de dichas soluciones parecía satisfactoria, y podía dar lugar a graves problemas en la práctica. Por ello, la apuesta del texto finalmente aprobado de mantener el arbitraje de equidad en el ámbito interno es digna de elogio.

[73] Novedad esta introducida por el RDAC/2008, y que se ha introducido también en la LA/2003 después de la reforma de la L 11/2011. Vid. *infra* IV.D.3.- Terminación de las actuaciones.

[74] El RDAC/2008 sí optó expresamente por el arbitraje de equidad al regular las normas aplicables a la resolución del conflicto de consumo –art. 33,1 –. En cualquier caso, le corresponde al consumidor la decisión última sobre el arbitraje que quiere que se aplique, ya sea porque solicita explícitamente un arbitraje en derecho, o porque acepta tal arbitraje en el supuesto de que el empresario, en la oferta pública de adhesión, hubiera optado por un arbitraje de derecho –art. 34,1 RDAC–; de modo y manera que si el consumidor no está de acuerdo con el arbitraje de derecho propuesto por el empresario, la solicitud de arbitraje se tramitará como si la empresa no estuviera adherida –art. 33,1 *in fine* RDAC– (y, consecuentemente, se llevará a cabo en equidad).

legal vigente alguna (lo que no es óbice para que en su enjuiciamiento valorativo, el árbitro de equidad se apoye en normas jurídicas dictadas en materia de consumo[75]). Es en este sentido como ha de interpretarse el art. 33,2 RDAC que, literalmente, señala que "las normas jurídicas apli-

---

[75] En este sentido, Sentencia AP de Barcelona (sección 14ª) de 14 de mayo de 2002, Sentencia AP de Sevilla (sección 8ª) de 23 de enero de 2002.

Por ello, en los arbitrajes de derecho, el árbitro debe reunir la condición de licenciado en derecho –art. 21,1 RDAC/2008– o de abogado en ejercicio (actualmente se ha cambiado por "condición de jurista", como explicaremos a continuación) –art. 15 LA/2003–; tal cualidad no se exige en los arbitrajes de equidad –bastando con que la persona se encuentre en el pleno ejercicio de sus derechos civiles, art. 13 LA/2003–.

Pero los árbitros propuestos por la Administración para formar el Colegio Arbitral –que como sabemos, tendrán la condición de Presidente del mismo–, concurrirá siempre en personas al servicio de la Administración Pública y con el título académico de Licenciados en Derecho –extremo este, recogido en el art. 17 RDAC/2008, en sede de acreditación de los árbitros; e incluso, en los reglamentos de distintas instituciones o asociaciones arbitrales como la Asociación Europea de Arbitraje 'AEADE', que también lo recogía de esa manera–.

Sin embargo, la nueva redacción del art. 15,1 LA/2003 (llevada a cabo por la L 11/2011), levantará suspicacias, en cuanto que ahora se requiere la "condición de jurista" del árbitro que actúe como tal, en los arbitrajes que se resuelvan por un árbitro único y que no se decidan en equidad, y que al menos uno de los árbitros ostente tal "condición de jurista" en aquellos otros arbitrajes que deban ser resueltos por tres o más árbitros.

Igualmente se recibe con satisfacción la supresión de la exigencia de la condición de abogado en ejercicio para la tramitación de los arbitrajes en derecho, que se sustituye por el requisito de ostentar la condición de jurista, y que es sensible a la realidad de que existen otros profesionales del mundo del derecho perfectamente capacitados para actuar como árbitros en derecho (catedráticos de universidad, notarios, ex magistrados etc.) y que no necesariamente están colegiados. Ahora bien, quizá la elección de la "condición de jurista" no sea muy afortunada, por tratarse de un concepto jurídico indeterminado, y hubiera sido mejor referirse a la "condición de licenciado en derecho o equivalente".

De ahí, que no llegamos a alcanzar el verdadero significado de esta modificación. Porque, si por "condición de jurista" se está señalando como condición necesaria para ser árbitro ser Licenciado en Derecho, vale (porque además es una conducta que se está llevando a cabo en la práctica de los Tribunales arbitrales –también para arbitrajes de equidad, caso del arbitraje de consumo–). Ahora bien, si por "jurista" se pretende limitar *estrictu sensu* a los estudiosos del Derecho, a los teóricos del Derecho, entonces no podemos por menos que discrepar del legislador. Cosa distinta es la necesidad de

cables y las estipulaciones del contrato servirán de apoyo a la decisión en equidad (...)", y no en el sentido de exigir al árbitro en equidad que siempre tenga en cuenta la normativa vigente[76].

B. Principios inspiradores del proceso arbitral de consumo

No podemos obviar, antes de introducirnos de lleno en los principios específicos del arbitraje de consumo, hacer una mínima referencia al principio de independencia o separabilidad que rige a las cláusulas arbitrales en general (el llamado *"Kompetenz-Kompetenz":* competencia por competencia).

Una de las características más notables de las normas legales en materia de arbitraje se representa por la atribución que se hace a los órganos decisorios para determinar sobre los cuestionamientos que puedan hacer las partes sobre su propia competencia. Esta facultad constituye un reflejo de las disposiciones tipo contenidas en la denominada "ley modelo" de la UNICITRAL, que inspiró gran parte del articulado de la LA/2003, cuyo art. 7 reza: "El tribunal arbitral está facultado para decidir acerca de su propia competencia, incluso sobre las excepciones relativas a la existencia o a la validez del acuerdo de arbitraje. A ese efecto el acuerdo de arbitraje que forme parte de un contrato se considerará como un acuerdo independiente de las demás estipulaciones del mismo. La decisión del tribunal arbitral de que el contrato es nulo no conlleva la nulidad del acuerdo de arbitraje".

---

capacidad demostrada para ser árbitro. Y además nos cuestionamos si ser abogado en ejercicio es incompatible con ser jurista. Obviamente, no.

[76] En este sentido, CORDÓN MORENO señala que los árbitros en arbitraje de equidad "no quedan obligados a aplicar exclusivamente normas de derecho de forma rigurosa, sino que están facultados para ello".

CORDÓN MORENO, F., "El arbitraje en el derecho español: interno e internacional", Pamplona, 1995, pág. 49. Cfr. BONACHERA VILLEGAS, R., "Los arbitrajes especiales", op. cit., 2010, págs. 139 a 142.

De esta manera podemos indicar que la competencia por competencia (*kompetenz-kompetenz*) constituye uno de los elementos más importantes en denotar el carácter autónomo del arbitraje como medio de resolución alternativo de conflictos.

A pesar de haberse convertido esta expresión en una característica intrínseca del arbitraje a nivel mundial, parte de la doctrina que analiza la normativa alemana sostiene que "una decisión del *Bundesgerichtshof* que fue interpretada en este sentido hizo esta expresión famosa en el mundo entero. (...) No importa si esta interpretación fue acertada o no, el caso es que los autores están generalmente de acuerdo en que la "*Kompetenz-Kompetenz*" no existe según la nueva Ley. (...) Los árbitros solamente tienen el Derecho a decidir sobre una excepción a su competencia como cuestión previa y proseguir luego sus actuaciones. La última decisión sobre la existencia y la validez del convenio arbitral será tomada por el juez estatal". También se ha dicho que "La Ley alemana, superando incluso el carácter restrictivo previsto en la Ley Modelo, no admite una formulación amplia del concepto de Kompetenz-Kompetenz[77], que venía a admitir la competencia preliminar y definitiva del tribunal arbitral para establecer su competencia y, por el contrario, permite muy diversos medios de intervención judicial al respecto".

En otro orden de cosas, y para centrar el tema de los principios, comencemos reiterando que para nosotros la naturaleza jurídica del arbitraje no puede ser otra que la jurisdiccional[78] como venimos defendiendo desde el principio del presente trabajo. Y es que, podemos estudiar el carácter jurisdiccional o no del arbitraje atendiendo sobre todo a que en

---

[77] CHECA MARTÍNEZ, M., "La armonización del derecho de arbitraje comercial internacional: La nueva Ley alemana de arbitraje", en Revista de la Corte Española de Arbitraje, Consejo Superior de Cámaras de Comercio, Industria y Navegación de España, Madrid, 1998, pág. 356.

[78] Seguimos así en este punto a FONT SERRA, cuando afirmaba que la regulación y los efectos del arbitraje sólo pueden ser explicados desde la postura jurisdiccional.

FONT SERRA, E., "La nueva configuración del arbitraje en el derecho español", en Justicia, 1989, pág. 344.

él se dan los caracteres de la función jurisdiccional[79] y, en concreto, sus principales principios inspiradores, a saber:

A. **Imparcialidad**: se predica de los concretos órganos jurisdiccionales, como el principio que garantiza la objetividad de la persona llamada a enjuiciar con respecto al objeto y sujetos del proceso concreto que se plantea. La garantía de la imparcialidad en principio no puede ser otra que el sometimiento estricto a la Ley de los Jueces y Tribunales y, por otro lado, la existencia del mecanismo de la abstención –o, en su defecto de la recusación–, a fin de que se pueda poner de manifiesto las conexiones existentes entre juez, partes y objeto, con el fin de que se produzca la sustitución del juzgador si se estima que la imparcialidad, al darse el dato objetivo de conexión, no queda garantizada. Así, la imparcialidad queda dibujada como la ausencia de todo interés para la resolución del litigio. La garantía de dicha situación de ajeneidad se encuentra principalmente en la institución de la recusación y abstención de jueces y magistrados, a través de la cual, las partes o el propio órgano judicial pueden poner de manifiesto las circunstancias, objetivizadas por la Ley, que puedan poner en entredicho la mencionada imparcialidad.

En este sentido, en el arbitraje, como institución tendente a la resolución de un conflicto por un tercero, dicha imparcialidad también viene garantizada. Los árbitros (aun los nombrados, en el arbitraje "*ad hoc*" directamente por las partes) deben, según establece la Ley[80], ser imparciales y, por ello, se establecen causas de recusación de los mismos. No queda duda pues de que esta nota característica de la jurisdicción se encuentra perfectamente reglada y garantizada en la LA/2003 –y por ende, en el arbitraje de consumo–, pues no sólo es una exigencia de validez del convenio, sino del propio laudo; además, en cuanto al mecanismo garantizador, la propia ley remite al establecido para jueces y magistrados, en la LOPJ.

Por ello, en el proceso arbitral de consumo, los árbitros en el ejercicio de sus funciones deben actuar con la debida independencia, impar-

---

[79] GUTIÉRREZ DE CABIEDES, "Estudios de Derecho Procesal. Una nueva reflexión acerca del concepto de Derecho Procesal ", Pamplona, 1974, pág. 37.

[80] Cfr. art. 17 LA/2003 y art. 22,1 RDAC/2008.

cialidad y confidencialidad (de ahí que no pueden actuar como árbitros quienes hayan intervenido como mediadores en el mismo asunto o en otro cualquiera que tuviera estrecha relación con aquel). Con el fin de salvaguardar la independencia y la imparcialidad, se establece un régimen especial de abstención, recusación y sustitución de árbitros –arts. 21 y 22 RDAC–.

B. **Independencia:** En cuanto que los Jueces y Tribunales, incardinados en la organización funcionarial del Poder Judicial e integrados en ese poder del estado, pueden ver interferido el ejercicio de su función por actuaciones, bien de otros poderes del Estado, bien por la propia jerarquía judicial; es por ello que, respeto a la función a ellos conferida, el ordenamiento vele por la necesaria independencia. Independencia que se predica no solo con respecto a los demás poderes del estado, prohibiéndose la injerencia de los mismos, sino también en cuanto a los propios jueces y tribunales entre sí, de modo que, aun cuando orgánicamente integrados en una estructura jerárquica, son independientes totalmente respecto a los demás.

En este segundo aspecto, la institución arbitral goza, si cabe, todavía más de esta necesaria independencia. Los árbitros, como personas físicas-privadas no pertenecen a ningún poder estatuido, no se incardinan orgánicamente –en cuanto a su función arbitral–, en ningún esquema, ni estructura. Su función nace de la Ley y de la voluntad de las partes, sin que en ningún momento esta se encuentre mediatizada por ningún tipo de órgano público (a excepción de su posterior control por el poder judicial, pero sólo en lo relativo a que se hayan cumplido los requisitos legales y que no se vulnere el orden público). Esto es por lo que respecta al arbitraje institucional, en base al art. 14 LA/2003[81], los árbitros siguen gozando de la misma independencia y las Corpora-

---

[81] La L 11/2011 ha eliminado por motivos obvios, la mención en el texto anterior al desaparecido Tribunal de Defensa de la Competencia –art. 14, a) LA/2003, en su nueva redacción–.

En el texto reformado por la citada Ley, se destaca especialmente (art. 14, 3 LA/2003) el papel y función de las instituciones arbitrales como encargadas de velar por la capacidad e independencia de los árbitros y la transparencia en su designación. Es preciso resaltar que en la redacción del texto sobre este punto se eludió con especial

ciones y Asociaciones citadas se encargan solo de la administración de los arbitrajes a ellos encomendados y del nombramiento de árbitros, sin que ello suponga intrusión alguna respecto a la función por ellos desarrollada.

C. **Contradicción o Audiencia.** Se recoge en el aforismo romano "*audiatur et altera pars y nemo inauditus damnari potest*", y que se formula en los siguientes términos: "nadie puede ser condenado sin ser oído y vencido en juicio". Su constitucionalización en el art. 24 CE le convierte en un derecho fundamental, que se reconoce a todas las personas que son partes en un proceso o que, pudiendo serlo, no lo son.

En el arbitraje de consumo siempre habrá dos partes en posiciones contradictorias, el consumidor reclamante y el empresario reclamado, que disponen de plenas facultades de actuación para la mejor defensa de su derecho.

Por otra parte, la aplicación del principio de audiencia[82] en el ámbito del proceso arbitral de consumo tiene connotaciones muy parecidas

---

celo la inclusión del verbo "garantizar" y se sustituyó por el de "velar" como verbo y función.

A nuestro juicio la independencia y capacidad de los árbitros, así como, la transparencia en su elección, son los principios y condiciones esenciales sobre los que se fundamenta la propia existencia y futuro del arbitraje.

Las instituciones arbitrales tienen margen suficiente para proponer respuestas y procedimientos eficaces que posibiliten que su actual función "*ope legis*" de "velar" por la capacidad e independencia de los árbitros y la transparencia en su designación, pase a ser la de garantizarlas plenamente –transformándose de meros veladores en garantes–. Con ello se dará un paso definitivo hacia el futuro de nuestro arbitraje (y como no, también en el de consumo).

[82] Este principio de audiencia, según la Jurisprudencia del TC, no está reconocido constitucionalmente pero se incluye dentro del derecho a la no indefensión, y supone el derecho del demandado a que se le notifique de modo efectivo la pendencia del proceso y sus sucesivas incidencias. Es decir, ser citado y tener derecho a comparecer y ser oído en el proceso.

Por su parte, DE LA OLIVA SANTOS, entiende que "para satisfacer las exigencias elementales de justicia ínsitas en el principio de audiencia no se requiere que el posible condenado tenga oportunidad de realizar cualquier tipo de alegaciones. (…) El principio de audiencia queda satisfecho, en el plano legal, si la limitación prevista para el sujeto pasivo es razonable y justa y, en el plano procesal concreto, siempre que

a la que nos encontramos en el proceso civil. El art. 41,1 RDAC regula que "el procedimiento arbitral de consumo se ajustará a los principios de audiencia, contradicción e igualdad entre las partes". Así, también impone el derecho a ser oído si se tiene voluntad de intervenir en el procedimiento arbitral, sin que el silencio, la inactividad o la incomparecencia de las partes, signifique allanamiento o admisión de los hechos alegados por la parte contraria[83] –art. 46 RDAC–.

D. **Igualdad.** Existe una clara relación entre este principio y el principio de audiencia, y es algo que se ha podido advertir en la explicación anterior; ya que, evidentemente, si el principio de audiencia se infringe respecto del sujeto pasivo del proceso, la igualdad no solo no es respetada, sino por completo infringida. Es decir, todo quebrantamiento del principio de audiencia constituye una violación –máxima– del principio de igualdad (lo que no ocurre, necesariamente, en sentido inverso).

Las partes del procedimiento arbitral de consumo, como manifestación del principio de igualdad que inspira el mismo, disponen de iguales medios para defender en el procedimiento sus respectivas posiciones –ataque y defensa–. Sin embargo, como bien sabemos, ello no implica que las partes sean iguales; de hecho no son iguales porque existe una desigualdad intrínseca entre ellas, que viene potenciada por el carácter

---

el posible "condenado" haya tenido la oportunidad de realizar las alegaciones previstas legalmente –Cfr. STC 27/1984, de 24 de febrero–. La tradicional formulación del principio de audiencia, anteriormente transcrita, podría sugerir a primera vista, que dicho principio se refiere exclusivamente al sujeto pasivo en el proceso, es decir, aquel sujeto respecto del cual se pide una decisión judicial; el que puede resultar "condenado" (en el proceso civil, penal, laboral o contencioso-administrativo). Si bien cabe hacer aquí una cierta rectificación de la literalidad, (...) ya que no cabe descartar por completo casos de infracción del principio de audiencia respecto de la parte activa (aunque resulte de ordinario 'oída'). DE LA OLIVA SANTOS, A., "Los principios del proceso", en Introducción al Derecho Procesal, (con DÍEZ-PICAZO GIMÉNEZ Y VEGAS TORRES), Madrid, 2001, págs. 49 a 54.

En este sentido, vid. también VALENCIA MIRON, A., "Introducción al derecho procesal", op. cit., 2008, pág. 269.

[83] Vid. *infra* IV.C.3.- Iniciación del procedimiento, nombramiento de árbitros y contestación del reclamado.

tuitivo que inspira el arbitraje de consumo. Por ello, encontramos que el procedimiento solo se inicia de manera unidireccional –por el consumidor afectado–, nunca a instancia del empresario (ni, por supuesto, de oficio). A pesar de ello, en el arbitraje de consumo se aplica con todo su rigor el principio igualdad, de modo y manera que para cada acto de alegación de hechos y exposición de argumentos de una parte, se prevé un acto paralelo de la parte contraria. Incluso para el caso que se dé reconvención por parte del empresario[84].

E. **Confidencialidad[85].** Es absoluta novedad de la regulación de 2008, esta referencia expresa al deber de confidencialidad[86] como exigencia para todos los intervinientes en el procedimiento arbitral de consumo, tanto árbitros –art. 22.1 RDAC en sede de abstención y recusación– como mediadores, partes y todo aquel que preste un servicio a las Juntas Arbitrales –art. 41,2–. Y ello en consonancia con el art. 24 LA/2003 que ya se hizo eco de esta necesidad; debemos entender que el deber de confidencialidad se refiere a hechos y, en concreto, a informaciones que los árbitros pueden conocer a través de las actuaciones arbitrales –sin que queden cubiertas las características generales de tipo de asunto jurídico o los posibles problemas jurídicos en él debatidos–. En palabras de DÍEZ-PICAZO PONCE DE LEÓN[87], en buena parte,

---

[84] Vid. *Infra,* para todo este tema, IV.C.3.1.- Especial referencia a la reconvención.

[85] Interesante punto de vista para este tema de la confidencialidad es la visión aportada por ARTACHO MARTÍN LAGOS, M., "Algunas consideraciones sobre los actos de comunicación en el Real Decreto 231/2008, de 15 de febrero, por el que se regula el Sistema Arbitral de Consumo", en Presente y futuro de la e-justicia en España y la Unión Europea, Aranzadi, junio, 2010, págs. 632 y ss.

[86] Referencia que, por otra parte, nos resulta del todo desubicada –o cuando menos inexplicable–, habida cuenta de la inexistente correlación entre el título y el articulado de la Ley (Art. 24 LA/2003 y art. 41,2 RDAC/2008). Hubiera sido más razonable un tratamiento autónomo, sin vinculación con los componentes esenciales del proceso arbitral, por cuanto la confidencialidad no es, indiscutiblemente, un principio.

En igual sentido, BARONA VILAR, S., "Comentarios a la Ley de Arbitraje (Ley 60/2003, de 23 de diciembre). Artículo 24", (Coord. Barona Vilar, S.), op. cit., 2004, pág. 905.

[87] DÍEZ-PICAZO PONCE DE LEÓN, L., "Principios de igualdad contradicción y audiencia. Art. 24", en Comentarios a la nueva Ley de Arbitraje 60/2003, de 23

"este deber legal de confidencialidad coincidirá con los profesionales jurídicos con el deber de secreto profesional".

F. **Gratuidad.** Se recoge expresamente entre los "principios del procedimiento arbitral de consumo" –art. 41,1 *in fine* del RDAC–. Aunque lo cierto es que ni la gratuidad ni la confidencialidad (–art. 41,2 RDAC– siguiendo la regulación del art. 24,2 LA/2003), son principios esenciales procesales y, en consecuencia, lo correcto habría sido tratarlos en un precepto independiente.

Por otro lado, aún consagrándose este principio, debe tenerse en cuenta que el desarrollo del arbitraje de consumo conlleva unos costes económicos que han de sufragar las partes y, por ello, debemos considerar que deben establecerse determinados mecanismos para conseguir que el mismo sea menos costoso. En efecto, en materia probatoria, aunque las pruebas propuestas de oficio serán costeadas por la Administración de la que dependa la JAC[88] –art. 45,3 RDAC–, las propuestas por las partes las deben costear ellas mismas –al igual que sucedía en la

---

de diciembre, (Coord. González Soria), Navarra, 2004, págs.283 a 286. También opina el citado autor, que estamos ante una norma cuya oportunidad no puede discutirse y cuyo buen sentido tampoco puede ponerse en tela de juicio. Sin embargo, llama la atención del autor –y la nuestra–, que el legislador se limite a establecer el deber, sin apuntar norma alguna por la que se sancione su incumplimiento. Si bien, podrían ser aplicables las reglas penales relativas a los secretos, las normas disciplinarias respecto a los profesionales jurídicos y genéricamente, el deber de resarcimiento por daños y perjuicios que la infracción ocasione.

[88] Así opinamos por nuestra experiencia profesional al respecto –junto con MARÍN LÓPEZ–, que en este ámbito se ha observado que en muchas ocasiones las partes comunican al Colegio la posibilidad de practicar cierta prueba, y es el propio Colegio quien la acuerda de oficio, con las consecuencias económicas que de ello se derivan. Tampoco es inusual que el coste de las pruebas periciales resulte desproporcionado en relación con el interés de la reclamación, o que los árbitros "abusen" de la petición de dictámenes periciales, basando la decisión adoptada en el laudo exclusivamente en el resultado del informe pericial, sin realizar ningún otro tipo de reflexión. En este marco, parece razonable exigir al Colegio arbitral que actúe con mayor contención, exigiendo de oficio la práctica de pruebas únicamente en aquellos casos en que resulte absolutamente necesario. De ahí que el RDAC/2008 parezca asumir esta tesis, al establecer que el órgano arbitral podrá proponer de oficio las pruebas complementarias "que se consideren imprescindibles para la solución de la controversia" –art. 45.1.I–.

regulación anterior, art. 13,2 y 3 RDAC/1993–, con lo que se disipa esa gratuidad que pretende imbuir al proceso arbitral de consumo. El arbitraje de consumo es gratuito, y la gratuidad va a seguir siendo uno de los rasgos básicos de este arbitraje (a pesar de no imponerlo así la Ley[89] –ni la LGDCU 1/2007 ni la LA/2003 establecen que el arbitraje de consumo tenga que ser gratuito–). Es más, el hecho de que el RDAC/2008 contemple expresamente el principio de gratuidad soluciona el debate existente en la doctrina sobre si este principio debía mantenerse o no, habida cuenta de que, como decimos, la LA/2003 en su DA Única –a diferencia de su predecesora– omite toda alusión a este principio.

El RDAC/2008 persigue también otro loable fin: imponer en el arbitraje de consumo criterios de racionalidad económica que aseguren su supervivencia.

G. **Garantías.** Está claro que, al estar tratando de un arbitraje de equidad, ni que decir tiene que no vamos a hablar del sometimiento a la Constitución y a la ley, dado que los árbitros de equidad actuarán, como sabemos, según su buen saber y entender como ya tuvimos ocasión de analizar (ni tendrán régimen de incompatibilidades, prohibiciones e inmunidad, en el sentido que lo tienen jueces y magistrados).

Sin embargo, en lo que al tema de la responsabilidad[90] se refiere, tenemos que concretar que la concepción jurídica de la responsabilidad del árbitro consiste en asociar su actividad con las consecuencias de una conducta que se pueda considerar contraria a lo que se viene denominando "fidelidad en orden a laudar". Por otra parte, el reconocimiento de la obligación de confidencialidad comporta la exigencia del debido respeto de la misma, so pena de poder incurrir en responsabilidad –como hemos

---

MARÍN LÓPEZ, M. J., "Análisis del Real Decreto 231/2008, de 15 de febrero, que regula el Sistema Arbitral de Consumo", op. cit., 2008, págs. 3 y 4.

[89] Vid. en este sentido, MARÍN LÓPEZ, M. J., "Análisis del Real Decreto 231/2008, de 15 de febrero, que regula el Sistema Arbitral de Consumo", op. cit., 2008, pág. 3.

[90] Respecto a la responsabilidad del árbitro, puede verse MERINO MERCHÁN, J. F., "El estatuto y la responsabilidad del árbitro, Ley 60/2003 de arbitraje", Navarra, 2004.

comentado anteriormente–. Técnicamente, el árbitro podría incurrir en los tres tipos de responsabilidades, pero parece que la LA/2003 solo alude a la responsabilidad civil del árbitro[91]. Por ende, no encontramos ningún inconveniente en aplicar supletoriamente el régimen de responsabilidades recogido en la citada ley a los árbitros de consumo:

— *Responsabilidad civil.* Los árbitros serán responsables civilmente cuando en el ejercicio de la función arbitral no cumplan fielmente su cargo –incluido el deber de confidencialidad, entendemos– y provoquen daños y/o perjuicios con mala fe, temeridad o dolo (se excluye la responsabilidad por mera negligencia o culpa). Es la única de las responsabilidades del árbitro que aparece regulada en la LA/2003, aunque no en su totalidad, sino únicamente en lo que respecta a la responsabilidad civil derivada del no cumplimiento de sus funciones, dejando de lado otras responsabilidades, como puede ser la responsabilidad civil que deriva del delito[92].

---

[91] Ya en la anterior regulación, la LA/1988 recogía en su art. 16,1 que "La aceptación obliga a los árbitros y, en su caso, a la Corporación o asociación, a cumplir fielmente su encargo, incurriendo, si no lo hicieren, en responsabilidad por los daños y perjuicios que causaren por dolo o culpa. En los arbitrajes encomendados a una Corporación o asociación el perjudicado tendrá acción directa contra la misma, con independencia de las acciones de resarcimiento que asistan a aquella contra los árbitros".

La novedad que presentaba la ley vigente de arbitraje –art. 21 LA/2003– respecto de su predecesora consiste en la sustitución de la exigencia de que los daños y perjuicios sean causados por "dolo y culpa", y que éstos sean causados por "mala fe, temeridad o dolo". Se pasa de una responsabilidad por culpa a un sistema que conllevará, en la mayoría de ocasiones, la inmunidad de los árbitros e incluso la de la institución arbitral.

Ejemplos de tal responsabilidad los podemos encontrar en supuestos tales como la no emisión del laudo en el plazo convenido por las partes, el incumplimiento de las normas propias del procedimiento, la admisibilidad de pruebas innecesarias, etc.

[92] STS 429/2009, de 22 de junio, (Sala I de lo Civil), "(...) Es decir, la responsabilidad del árbitro de equidad debe ser exigida no por el contenido culposo de su decisión sino por su actuación personal negligente delante del encargo contagiado [quiere decir encomendado]. Este es el espíritu de la responsabilidad contemplada en la Ley de 1988, la cual ha sido reducida aún más en la vigente Ley de 2003 porque ya se excluye la responsabilidad por culpa y solo se contempla por luto [quiere decir dolo], mala fe o temeridad (art. 21.1)". En igual sentido, STS 332/1999, de 26 de abril, Sala I de lo Civil.

Dicha exigencia de mala fe, temeridad o dolo a que se refiere el art. 21 LA/2003[93] no viene referida a las partes del arbitraje, sino tan solo a la responsabilidad exigible a los árbitros y a las instituciones arbitrales[94].

— *Responsabilidad penal.* Entendemos que los árbitros pueden incurrir en responsabilidad penal por las acciones u omisiones llevadas a cabo en el ejercicio de su cargo y que se encuentren tipificadas en el Código Penal. A título de ejemplo, el art. 422 CP hace extensiva la regulación del cohecho a los árbitros –y los art. 440 y 439 CP respecto de las negociaciones y actividades prohibidas a los funcionarios públicos, así como los abusos en el ejercicio de su función– Se trata de dos artículos en los que aparece expresamente la responsabilidad penal de los árbitros, lo que no significa que no puedan incurrir en cualquier otro tipo de responsabilidad penal[95].

---

[93] Al hilo de este art. 21 LA/2003, nos llama poderosamente la atención la introducción *ex novo* por la L 11/2011, del párrafo 2° en el apartado 1, cuando establece expresamente la exigencia de contratación de un *seguro de responsabilidad civil* o *garantía equivalente*, en la cuantía que se determine, para los árbitros e instituciones arbitrales, exceptuándose de la contratación a las Entidades públicas y a los sistemas arbitrales integrados o dependientes de las Administraciones públicas (art. 21,1 *in fine* LA/2003). Si bien la cobertura del seguro siempre es aconsejable, su establecimiento obligatorio en la ley suscitará sin duda la inconveniente tentación, de la reclamación judicial contra los árbitros, tan difícil de coronar con éxito en la generalidad de los casos.

[94] Sin embargo, seguimos a BARONA VILAR, al entender que, "cuando las partes que intervienen en un arbitraje son personas que participan en el mercado y que pueden llegar a tener intereses en el mismo sector, la difusión de unas técnicas de fabricación de un producto o de conocimientos tecnológicos adquiridos todos ellos como consecuencia de un proceso arbitral, podría llevar a plantear fundar una demanda por realización de un acto de competencia desleal, amparado en la Ley 3/1991, de 10 de enero, de Competencia desleal que en su art. 13,1 reza: 'Se considera desleal la divulgación o explotación, sin autorización de su titular, de secretos industriales o de cualquier otra especie de secretos empresariales a los que haya tenido acceso legítimamente, pero con deber de reserva (...)".

BARONA VILAR, S., "Comentarios a la Ley de Arbitraje (Ley 60/2003, de 23 de diciembre). Artículo 24", (Coord. Barona Vilar, S.), op. cit., 2004, pág. 914 y 915.

[95] Sin embargo, manifiesta ALMAGRO NOSETE, determinados delitos (como el delito judicial por antonomasia: el de prevaricación), no pueden predicarse de los árbitros, ni siquiera en la modalidad que pueden cometer los funcionarios de la adminis-

— *Responsabilidad disciplinaria*. En realidad, los árbitros están exentos de esta responsabilidad en sentido estricto; el carácter no funcionarial del árbitro tiene en este aspecto una de sus manifestaciones más claras. Cabe, sin embargo, pensar en una "*responsabilidad paradisciplinaria*" en relación con el arbitraje institucional, en cuanto que las personas designadas como árbitros pueden estar sometidas, en virtud de su vinculación contractual con la entidad, a determinados comportamientos, cuya exigibilidad dependerá del ámbito legítimo que marque en su desarrollo el principio de autonomía de la voluntad[96].

C. Fases del procedimiento arbitral de consumo

A grandes rasgos, podrían estructurarse en tres grandes bloques[97]:

- Solicitud y fase de admisión. (Fase preparatoria ante las JAC).
- Iniciación del procedimiento, nombramiento de árbitros y contestación del reclamado.
- Audiencia, prueba y terminación de las actuaciones.

(Estas dos últimas, ante el árbitro único o Colegio arbitral).

---

tración, ya que en este sentido no están equiparados a los jueces. Lo que no quiere decir que estas conductas no puedan ser origen de responsabilidad civil.

ALMAGRO NOSETE, J. "La responsabilidad de los árbitros", trascripción de la conferencia celebrada el 11 de noviembre de 1996 en la Jornada sobre Régimen jurídico de los árbitros, Barcelona, 1996, págs. 21 y ss. y más recientemente, "La responsabilidad judicial civil", en La responsabilidad civil y su problemática actual, (Coord. Moreno Martínez), Madrid, 2007.

96 Todo ello sin olvidar las posibles medidas que, en relación con los árbitros, pueden llegar a adoptar las instituciones arbitrales –JAC, en el caso que nos ocupa–, como la expulsión de sus listas de árbitros, sin que para ello se exijan grandes condiciones y pruebas de las mismas, al tratarse de una relación contractual que puede extinguirse como consecuencia de una conducta de tal entidad.

97 Obligada referencia en todo este tema es GONZÁLEZ MONTES, J.L., "El proceso arbitral de consumo", en Mediación y Arbitraje. Una perspectiva española, europea y comparada", (Coord. Orozco Pardo-Esteban de la Rosa-Garrido Carrillo), Valencia, 2010, págs. 65 a 98.

Sin embargo, y como cuestión cronológicamente anterior a dichas fases, no podemos olvidar hacer una reflexión acerca de la mediación previa en el proceso arbitral de consumo, como antecedente a la iniciación del procedimiento, necesario y obligatorio.

C.1. Breve introducción a las ADR. Especial referencia a la mediación en el arbitraje de consumo

La utilización de las técnicas de resolución de conflictos alternativas al Poder Judicial –conocidas como ADR[98], terminología que deriva de su denominación en inglés, Alternative Dispute Resolution–, es cada vez mayor.

Entre estas técnicas cabe destacar la *negociación*, la *conciliación*, el *arbitraje* y la *mediación* que poseen notas comunes, pero no son conceptos sinónimos pues presentan diferencias entre sí que las distinguen. Es también relevante el hecho de que pueden ser obligatorias –como en el arbitraje de consumo que nos ocupa– o voluntarias, según vengan impuestas a las partes en conflicto o según sea dirimente y vinculante –o no– la decisión que se adopte en el proceso.

Como ya pusieran de manifiesto OROZCO PARDO y PÉREZ-SERRABONA GONZÁLEZ[99], podemos hacer una breve referencia para distinguirlas, partiendo de la diferencia entre aquellas, llamadas *consensuales*, en las que el tercero propone o propicia una solución al litigio, que serían las *auténticas* ADR en opinión de algunos, y el supuesto en que el tercero *impone* la solución a las partes que estas han de acatar, serían las *extrajudiciales* o *dirimentes*. En una primera aproximación cabría distinguir dos grupos diferenciados de ADR que confluyen a la solución justa:

- *Consensuales*: mediación y conciliación, pues el peritaje y el dictamen son instrumentos de prueba o apoyo en el procedimiento, pero no medios de solución en sí mismos.

---

[98] También conocidas como M.A.R.C. (Methodes Alternatives de Resolution de Controversies) y M.A.S.C. (Métodos Alternos de Solución de Conflictos).

[99] OROZCO PARDO/ PÉREZ-SERRABONA GONZÁLEZ, "Arbitraje de consumo", en "Estudios sobre el arbitraje: Los temas claves" (Coord. González Montes J. L.), op. cit., págs. 479 y ss.

- *Dirimentes*: que desplazan el poder de decisión a un tercero u órgano arbitral. Otra distinción operable en este campo estriba en que unas técnicas son puramente convencionales (*extrajudiciales* propiamente dichas) pues las partes acuden a ellas al margen de cualquier procedimiento judicial y otras son aplicadas por el Juez o confiadas por éste a un tercero en el marco del proceso[100]. Partiendo de lo anterior, podemos clasificarlas del siguiente modo: negociación, conciliación, mediación y arbitraje; sin olvidar aquellas materias o campos donde poseen mayor relevancia las ADR, destacando el de la empresa y las relaciones comerciales[101] –y, entre los sistemas específicos creados para algunos sectores concretos de la contratación las Juntas Arbitrales de Transporte (creadas por la Ley 16/1987 de 30 de junio, de Transportes Terrestres), para resolver las controversias surgidas en los contratos de transporte–, el laboral, el de las relaciones vecinales, la propiedad intelectual –cuya Ley 22/1987 de 11 de noviembre, crea en el Ministerio de Cultura, una "Comisión arbitral de la Propiedad Intelectual" que decidirá los conflictos que puedan producirse entre entidades de gestión y asociaciones de usuarios o entidades de radiodifusión–, el de la administración y el de los conflictos familiares o sucesorios y, por supuesto, como no, el del consumo.

[100] Así lo afirma el *Libro Verde* que excluye al arbitraje de las ADR pues entiende que *es un tipo de resolución de litigios más cercano a un procedimiento judicial que a las modalidades alternativas en la medida en que el objetivo de la sentencia arbitral es sustituir a la decisión de justicia.* Vid. Libro Verde cit. página 6 y *Recomendación* de la Comisión de 4 de abril de 2001 (DOCE 19/04/2001) relativa a *los principios aplicables a los órganos extrajudiciales de resolución consensual de litigios en materia de consumo* y Recomendación de la Comisión de 30 de marzo de 1998 relativa a *los principios aplicables a los órganos responsables de la solución extrajudicial de los litigios en materia de consumo.*

[101] Cfr. VERDERA TUELLS, E., "Algunas consideraciones en torno al arbitraje comercial", *Estudios Jurídicos en homenaje al Profesor Aurelio Menéndez*, Madrid 1996, págs. 447 a 485.

Centrándonos en la mediación, un *concepto* de la misma podría ser (conforme al art. 1 de la L 5/2012, de 6 de julio, de mediación en asuntos civiles y mercantiles) el siguiente: la mediación es una forma de gestionar el conflicto a través de un mediador que ayuda a las partes enfrentadas a identificar los puntos de conflicto y a buscar las posibles vías de solución. El mediador no puede imponer la solución a las partes. Se debe limitar a facilitar el diálogo y la discusión e instar a las partes a conciliar sus intereses. La relación entre las partes es planteada en términos de cooperación, con una proyección en el futuro y con un resultado en el cual todos ganan[102].

Tal vez el éxito pretendido de la mediación haya que buscarlo en que las partes en conflicto pueden adoptar el "papel de juez". Precisamente, esto es criticado por parte de algunos miembros de la Administración de Justicia. Critican, por ejemplo, si nos referimos a la mediación, que el mediador sea una especie de "juez a la carta", de forma que si las partes mediadas no están satisfechas, pueden desistir de ese mediador y buscar otro. Rechazamos este planteamiento porque implica no conocer realmente el concepto y la finalidad y funciones de las formas autocompositivas de resolución de conflictos. Por tanto, el

[102] Destacamos otra de las diversas definiciones de la mediación que han formulado los estudiosos de ese campo: La mediación supone el uso de una tercera parte neutral para ayudar a los contendientes a llegar a un acuerdo consensuado en asuntos civiles.

La mediación difiere del arbitraje y de la adjudicación –proceso–, en los que el oficial judicial determina el acuerdo [GROVER DUFFY, K., "Introducción a los Programas de Mediación comunitaria: pasado, presente y futuro", en "La mediación y sus contextos de aplicación. Una introducción para profesionales e investigadores (Coordinadores: K. Grover Duffy, J. W. Grosch y P.V. Olczak", Trad. de Mª. A. Garoz. Barcelona, Paidós, 1996, pág.63].

En cualquier caso, la mediación, como técnica, no es una panacea universal: la mediación no deja de ser una técnica limitada por el contexto en el que se utiliza. La mediación, además, no es valorativamente neutral. Los valores que la sostienen y la concepción deL sujeto de la que es portadora, hacen que sea imposible de aplicar en contextos que no sean congruentes. En contextos rígidos, autoritarios, cerrados, opacos en cuanto a la información e intenciones, donde priman las interacciones estratégicas destinadas a sacar ventaja respecto de los demás, es difícil generar el contexto adecuado de aplicación de la mediación.

mediador (conforme recoge el art. 11 de la L 5/2012, de 6 de julio, de mediación en asuntos civiles y mercantiles) es un profesional (abogado, psicólogo, diplomado en trabajo social, asistente social, educador social o pedagogo) experto en la materia objeto de conflicto, que dispone además de una preparación adicional específica para realizar las funciones de mediación.

El mediador no es un árbitro ni un juez que impone su decisión a las partes, sino un persuasor que desde su posición neutral y de rigor, las conduce a buscar el acuerdo más práctico y ventajoso posible para ambas.

C.1.1. La mediación en el arbitraje de consumo

Cuando se comenzó a trabajar en una nueva normativa sobre el sistema arbitral de consumo, uno de los objetivos que se perseguían era la mediación de consumo. La práctica de las JAC demuestra que son muchas las reclamaciones de consumidores que se resuelven a través de mediación. Sin embargo carecemos de una regulación sistemática en nuestro ordenamiento como podremos ir comprobando. No se contempla en la LGDCU, y en el derogado RD/1993, solo existía una mención[103]. El RDAC/2008 dedica a la mediación su art. 38. Luego, ante la falta de desarrollo normativo, nos debemos acercar al origen de la mediación de consumo.

La aparición de la mediación en el ámbito del consumo se enmarca dentro de la especial atención que la Unión Europea concede al derecho de acceso a la justicia de los consumidores. Este interés deriva de la constatación de que los procedimientos para la defensa del amplio elenco de derechos de los consumidores no eran adecuados en determinados litigios de consumo, en especial los de pequeña cuantía económica, por lo que se hacía necesario buscar, no solo la mejora y simplificación de dichos procedimientos, sino desarrollar otras alternativas, otras técnicas más adecuadas y flexibles.

[103] Art. 4 RDAC/1993: "Las Juntas Arbitrales de Consumo desempeñarán las siguientes funciones: b.- Actuaciones de mediación respecto de las controversias derivadas de las quejas o reclamaciones de consumidores y usuarios".

Han sido abundantes las resoluciones europeas que analizan y tratan de garantizar el derecho de acceso a la justicia a través de la creación de nuevos procedimientos extrajudiciales (conciliación, mediación y arbitraje). Centrándonos en materia de consumo, encontramos últimamente las siguientes:

- Recomendación de la Comisión relativa a los principios aplicables a los órganos responsables de la solución extrajudicial de los litigios en materia de consumo (98/257/CE)[104].
- Recomendación de la Comisión relativa a los principios aplicables a los órganos responsables de la solución extrajudicial de resolución consensual de los litigios en materia de consumo (2001/310/CE)[105].
- Por último es destacable el esfuerzo del Libro Verde sobre las medidas alternativas de solución de conflictos en el ámbito del derecho civil y mercantil (COM 2002) que remitió a todos los estados miembros un cuestionario a fin de que valorasen la necesidad de una regulación de las ADR a nivel europeo. Las respuestas difundidas por los distintos países han permitido la elaboración de la Directiva 2008/52/CE del Parlamento Europeo[106] y del Consejo de 21 de mayo de 2008 sobre ciertos aspectos de la mediación en asuntos civiles y mercantiles, que será objeto de estudio y desarrollo en las siguientes páginas.

A pesar de que la mediación sea una vía jurídica de resolución de conflictos nada novedosa, hoy podemos decir que "está de moda" (mediación laboral, mediación familiar...)[107]. En el ámbito de las relaciones

---

[104] Diario Oficial de la Unión Europea 17-04-1998.

[105] Diario Oficial de la Unión Europea de 14-04-2001.

[106] Diario Oficial de la Unión Europea de 25-04-2008.

[107] De hecho, nos encontramos con que ha sido reciente la publicación de un proyecto de ley, que parece recoger el sentir mayoritario de una regulación general –que no de cada Comunidad Autonómica– de la mediación, cual es el Proyecto de Ley de Mediación en Asuntos Civiles y Mercantiles (publicado en el Boletín Oficial de las Cortes Generales, Congreso de los Diputados, Serie A, de 29 de abril de 2011), que se enmarca en el Plan de Modernización de la Justicia 2009-2012, articula un marco mí-

de consumo una mediación *lato sensu* es realizada por diversos agentes intervinientes: JAC, Asociaciones de Consumidores y Usuarios, Oficinas Municipales de Información al Consumidor, etc. La utilidad de esta figura consagra de alguna forma la capacidad electiva de los individuos y el principio de responsabilidad personal, que ante situaciones conflictivas adquiere una dimensión renovada en la que, tanto el empresario y el profesional como el consumidor o usuario, tienen la posibilidad de disponer de esta vía alternativa de resolución de la controversia.

Como ya señalara LARA GONZÁLEZ[108], desde las distintas instancias y desde los respectivos órganos competentes en materia de

---

nimo para el ejercicio de la mediación sin perjuicio de las disposiciones aprobadas por las Comunidades Autónomas. Asimismo, el Proyecto incorpora al Derecho español la Directiva 2008/52/CE del Parlamento Europeo y del Consejo, de 21 de mayo de 2008, sobre ciertos aspectos de la mediación transfronteriza en asuntos civiles y mercantiles.

A grandes rasgos, las principales características de la futura norma, según consta en el Proyecto de Ley, son las siguientes:

- Se establece la mediación para asuntos civiles y mercantiles en conflictos nacionales o transfronterizos, y *se excluyen expresamente la mediación* laboral, penal y *en materia de consumo*.
- Las instituciones y servicios de mediación establecidas o reconocidas por las diversas Administraciones podrán asumir las funciones de mediación, dando continuidad a la tarea que ya vienen desempeñando.
- Someterse a la mediación será voluntario, excepto en los procesos de reclamación de cantidad inferiores a 6.000 euros, en los que se exigirá el inicio de la mediación, al menos, mediante la asistencia a la sesión informativa gratuita, como requisito previo para acudir a los tribunales.
- Nadie estará obligado a concluir un acuerdo ni a mantenerse en el procedimiento de mediación.
- La solicitud de inicio de la mediación interrumpe la prescripción o caducidad de acciones judiciales.
- El procedimiento garantiza la confidencialidad y la imparcialidad del mediador entre las partes, sin que este pueda imponer solución o medida concreta alguna.
- Se fija un plazo máximo para la mediación de dos meses, prorrogable por otro más.
- El acuerdo de mediación se configura en el Proyecto de Ley como un título ejecutivo equiparable a los laudos arbitrales y a tal fin introduce en la Ley de Enjuiciamiento Civil las reformas precisas.

[108] LARA GONZÁLEZ, R., "La mediación en los conflictos de Consumo: realidad y perspectivas de futuro", en *LegaToday.com* de 23 de junio de 2008.

consumo, debemos ser capaces de trasmitir a los empresarios que el sistema arbitral de consumo es un apoyo que la Administración pone también a su servicio de forma gratuita, bien a fin de conciliar la disparidad de argumentos esgrimidos por él mismo y por el consumidor a través de la mediación, o bien por la vía de la resolución de la controversia mediante el oportuno laudo (arbitraje). Pues bien, de entre estas dos labores fundamentales que deben prestar las JAC, una de ellas, la mediación, no es apreciada *a priori* como un valor por los empresarios. Y ello se deduce principalmente de la constatación de que la normativa actual está orientada de forma exclusiva –que no excluyente– al arbitraje. Tan minusvalorada en el anterior RDAC/1993, el RDAC/2008 vino a destacar el papel de la mediación en el procedimiento arbitral, absteniéndose no obstante la norma de regular este instituto de resolución de conflictos por congruencia con las competencias autonómicas sobre la materia –ampliamente vistas con anterioridad–. En este último sentido, se debe tener en cuenta la Directiva 2008/52/CE[109] del Parlamento Europeo y del Consejo, de 21 de mayo de 2008, sobre ciertos aspectos de mediación en asuntos civiles y mer-

---

[109] Directiva 2008/52/CE del Parlamento Europeo y del Consejo de 21 de mayo de 2008 sobre ciertos aspectos de la mediación en asuntos civiles y mercantiles.

EL PARLAMENTO EUROPEO Y EL CONSEJO DE LA UNIÓN EUROPEA,(...) considera lo siguiente: (2) "El principio de acceso a la justicia es fundamental y, con vistas a facilitar y mejorar el acceso a la justicia, el Consejo Europeo, en su reunión de Tampere de 15 y 16 de octubre de 1999, instó a los Estados miembros a que instauraran procedimientos alternativos de carácter extrajudicial".

(4) "En abril de 2002, la Comisión presentó un Libro Verde, *anteriormente citado*, sobre las modalidades alternativas de solución de conflictos en el ámbito del derecho civil y mercantil en el que hacía balance de la situación imperante en lo que respecta a métodos de solución en la Unión Europea y con el que inició una amplia consulta con los Estados miembros y las partes interesadas sobre posibles medidas para promover el uso de la mediación". La *cursiva* es nuestra.

(6) "La mediación puede dar una solución extrajudicial económica y rápida a conflictos en asuntos civiles y mercantiles, mediante procedimientos adaptados a las necesidades de las partes. Es más probable que los acuerdos resultantes de la mediación se cumplan voluntariamente y también que preserven una relación amistosa y viable entre las partes. Estos beneficios son aún más perceptibles en situaciones que presentan elementos transfronterizos".

cantiles. Si bien se especifica en su número 11 que la presente Directiva *no debe aplicarse* a:

- Las negociaciones precontractuales ni a los procedimientos de carácter *cuasi jurisdiccional* como determinados mecanismos de conciliación judicial.
- Los sistemas aplicables a las reclamaciones de consumo, como el arbitraje, y la determinación por experto.
- Como tampoco, a los procesos administrados por personas u órganos que formulan recomendaciones formales, ya sean jurídicamente vinculantes o no, sobre la solución del conflicto.

Ahora bien, a día de hoy, en el ámbito de la legislación autonómica en materia de consumo, las instancias correspondientes, en general, no han ido más allá de un mero reconocimiento de la mediación como técnica de resolución de los conflictos en este ámbito[110]. Ciertamente, la mediación en no pocos supuestos está irremediablemente abocada al fracaso ya que cuando la reclamación llega a conocimiento de la JAC, las discrepancias existentes entre empresario y consumidor o usuario han pasado del estricto plano profesional al siempre más complicado plano personal.

Son más abundantes las remisiones expresas a la mediación a nivel autonómico. Así, los Estatutos de Autonomía[111] de diferentes Comunidades Autónomas, a día de hoy, se refieren a la competencia en materia de mediación o sistemas alternativos de resolución de conflictos. A ello se añade que la mayor parte de los Estatutos del Consumidor o Leyes autonómicas de protección del consumidor se refieren a la mediación

---

[110] A modo de ejemplo de esta técnica legislativa, más testimonial que efectiva, cabe señalar la Ley Foral 7/2006, de 20 de junio, de defensa de los consumidores y usuarios, de Navarra.

[111] Estatuto de Autonomía de Cataluña –LO 6/2006, de 19 de julio–, art.49,2.
Estatuto de Autonomía de las Illes Balears –LO 1/2007, de 28 de febrero–, art. 30,47.
Estatuto de Autonomía de Andalucía –LO 2/2007, de 19 de marzo–, art. 58,2.4.
Estatuto de Autonomía de Aragón –LO 5/2007 de 20 de abril–, art.71.26ª.

en mayor o menor medida[112]. Destacan la Ley 1/1998, de 10 de marzo, del Estatuto de los Consumidores y Usuarios de Baleares, que en su art. 29 reclama la regulación reglamentaria de la mediación estableciendo que el proceso deberá contener al menos una fase de alegaciones para el reclamado y otra de información para el reclamante[113]; y la Ley 6/2003, de 22 de diciembre, de Estatuto de las personas consumidoras y usuarias del País Vasco, que también pone el acento en la necesidad de una reglamentación de la mediación en su art. 12[114].

La mediación de consumo en España se desarrolla integrada en otro ADR, el arbitraje, de forma que la mediación aparece como una

---

[112] También se refieren a la mediación las siguientes leyes autonómicas:

– Ley 11/1998, de 9 de julio, de Protección de los Consumidores de la Comunidad de Madrid.

– Ley 11/2002, de 2 de diciembre, de Consumidores y Usuarios de Asturias.

– Ley 3/2003, de 12 de febrero, del Estatuto de los Consumidores y Usuarios de Canarias.

– Ley 11 /2005, de 15 de diciembre, del Estatuto del consumidor de Castilla-La Mancha.

– Ley 1/2006, de7 de marzo, de Defensa de los Consumidores y Usuarios de Cantabria.

– Ley 7/2006, de 20 de junio, de Defensa de los Consumidores v Usuarios de Navarra.

– Ley 16/2006, de 28 de diciembre, de Protección y Defensa de los Consumidores y Usuarios de Aragón.

[113] Art. 29 Ley 1/1998, de 10 de marzo, del Estatuto de los Consumidores y Usuarios de Baleares: "Reglamentariamente se regulará el procedimiento administrativo de mediación en la atención de las denuncias y reclamaciones de los consumidores y usuarios presentadas contra empresas, profesionales o administraciones, sin perjuicio de las actuaciones de inspección y sanción que correspondan.

El procedimiento deberá contener, al menos, una fase de alegaciones del reclamado y otra de información para el reclamante".

[114] Art. 12,2: "Reglamentariamente se regulará el procedimiento administrativo de tramitación de las denuncias y reclamaciones de las personas consumidoras y usuarias presentadas ante las Administraciones públicas con competencias en materia de consumo contra empresas y profesionales, sin perjuicio de las actuaciones de inspección y sanción que correspondan. El procedimiento será voluntario para las partes, y se garantizará la atención de todas aquellas reclamaciones recibidas en cualquier soporte duradero que permita la identificación de la persona o personas reclamantes".

actuación propia de los órganos arbitrales y dentro del sistema arbitral. Así, como remisiones expresas al ADR, a nivel estatal solo es destacable el art. 38 RDAC/2008. De hecho, es una de las principales novedades introducidas por este RDAC/2008, como decimos, es la regulación expresa por primera vez de un artículo dedicado a la mediación[115]. En cualquier caso, llama la atención la imprecisión del artículo a la hora de determinar qué se entiende por mediación, aunque ello no es casual, porque la propia Exposición de Motivos del RDAC/2008 pone de manifiesto que uno de sus objetivos es aclarar el papel de la mediación en el procedimiento arbitral, "absteniéndose de regular este instituto de resolución de conflictos por congruencia con las competencias autonómicas sobre la materia". Nos parece incompleto este art. 38 –echando de menos cuestiones relativas a la función y formación del mediador, así como el resultado de la mediación–; podría el RDAC/2008 haber puesto un cierto orden en el caos que presenta la mediación de consumo en la práctica, limitándose a afirmar que la mediación se regirá por la legislación sobre la materia que resulte de aplicación.

Lo que sí recoge este art. 38 RDAC son los principios mínimos que deben regir las funciones del mediador[116]:

---

[115] Art. 38: "Mediación en el procedimiento arbitral.

1. Cuando no existan causas de inadmisión de la solicitud de arbitraje se intentará mediar para que las partes alcancen un acuerdo que ponga fin al conflicto, salvo oposición expresa de cualquiera de las partes o cuando conste que la mediación ha sido intentada sin efecto.

2. La mediación se regirá por la legislación sobre la materia que resulte de aplicación, correspondiendo, no obstante, al secretario de la Junta Arbitral de Consumo dejar constancia en el procedimiento arbitral de la fecha de inicio y fin de la mediación, así como del resultado de esta.

3. En todo caso, quien actúe como mediador en el procedimiento arbitral está sujeto en su actuación a los mismos requisitos de independencia, imparcialidad y confidencialidad exigidos a los árbitros".

[116] Para determinar qué se entiende por tales principios es necesario remitirnos a los establecido en la Recomendación 98/257/CE relativa a los principios aplicables a los Órganos Responsables de la Solución Extrajudicial de los litigios en materia de consumo y a la Recomendación de la Comisión de 4 de abril de 2001, relativa a los principios aplicables a los órganos extrajudiciales de resolución consensual de litigios en materia de consumo.

- *Principio de independencia e imparcialidad.* Entendiendo que la persona designada tendrá la capacidad, la experiencia y la competencia necesarias para la función a desempeñar. Se trata, en definitiva, de garantizar la imparcialidad y neutralidad de su acción. Por ello, el mediador no tiene ningún tipo de relación con las partes (ni personal ni profesional). Incluso podríamos pensar que lo ideal sería que ni siquiera tuviera relación con el objeto de la controversia (a modo de desinterés objetivo).
- *Principio de neutralidad.* Entronca directamente con el resultado del conflicto. Supone que no podrá imponer ningún acuerdo, ni se le permitirá ninguna táctica de presión, ni siquiera orientar a las partes[117].

Como expresión de estos principios de imparcialidad y neutralidad es básica la confidencialidad del mediador[118]. La propia Ley de Arbitraje en su art. 24,2 ha establecido la importancia de este aspecto en el proceso arbitral[119]. Sin embargo, CHILLÓN MEDINA Y MERINO MERCHÁN, consideran esta referencia a la confidencialidad como in-

---

[117] Algunos autores, entre los que destaca MARTA REQUENA, actual directora de la División de Igualdad de Género y Lucha contra la Trata del Consejo de Europa, en su ponencia "Propuestas del Consejo de Europa sobre formación y usos de la mediación", Jornadas de mediación para la ruptura de la pareja, Madrid septiembre 1999, han apuntado que "en la mediación no se puede asesorar jurídicamente a las partes ya que mientras que la labor de información conserva intacta la imparcialidad, los consejos suponen una evaluación de las circunstancias particulares y la recomendación de una acción específica que pondría en peligro su imparcialidad respecto de las partes. La función de consejo jurídico es propia de los abogados, no de los mediadores". Según REQUENA, otros autores afirman que la intervención del mediador de consumo debe ser, a lo sumo, informadora del procedimiento a seguir, de otros procedimientos existentes, de la finalidad de la reunión; ha de limitarse asimismo, a ofrecer una opinión sólo cuando las partes le cuestionen cómo deberían resolver el problema, salvo que haya una ignorancia o incapacidad manifiesta que muevan al mediador a tratar de suplir esa información deficiente de una de las partes.

[118] En referencia a los árbitros, vid *supra* IV.B.- Principios inspiradores del proceso arbitral de consumo.

[119] Art. 24,2 LA: "Los árbitros, las partes y las instituciones arbitrales (*mediadores)*, en su caso, están obligadas a guardar la confidencialidad de las informaciones que conozcan a través de las actuaciones arbitrales". *La cursiva es nuestra.*

suficiente, puesto que entienden que el art. 24,2 LA/2003 debería haber contenido una referencia explícita a la LO 15/1999, de Protección de datos de Carácter Personal y, en particular a su art. 26,1, el cual exige que toda persona o entidad que proceda a la creación de ficheros de datos lo notificará previamente a la Agencia de Protección de Datos[120].

Por otra parte, estimamos que habría sido conveniente incluir en el art. 38 del RDAC lo que se planteaba en el Proyecto del RDAC, el cual, en su art. 36,4 establecía que "nadie que haya sido designado como mediador podrá intervenir posteriormente en el mismo asunto como árbitro, ni en cualquier otro que tenga relación conexa con él". Lo que en la práctica de los Colegios arbitrales de consumo ya es una realidad[121].

Respecto de la formación del mediador, en lo que a la mediación de consumo se refiere, el art. 38 RDAC/2008 no hace referencia alguna a la figura del mediador, lo cual nos llama poderosamente la atención si tenemos en cuenta que en el Proyecto del RDAC sí se recogía las características de los mediadores, que debían ser personal al servicio de la Junta Arbitral y, además, ser licenciados en derecho o contar con experiencia de al menos 3 años en el ámbito de la protección del consumidor[122]. Debe lamentarse que finalmente no fuera ésta la redacción definitiva del RDAC/2008. Es aconsejable que el mediador de consumo tenga una experiencia acreditada en este sector ya que los conflictos de consumo se caracterizan por su complejidad normativa y su carácter

---

[120] CHILLÓN MEDINA, J.M. y MERINO MERCHAN, J.F., "Valoración crítica de la Nueva Ley de Arbitraje", Diario la Ley. Año XXV Nº 5945. Lunes 2 de Febrero de 2004, págs. 6 y 7.

[121] Y que sí se recoge en la nueva redacción del art. 15,1 y 7 LA/2003 (reforma realizada por la L 11/2011), eso sí, como una recomendación, no como una obligación, ya que puntualiza: "salvo acuerdo en contrario de las partes".

[122] Art. 36 del Proyecto del Real Decreto por el que se regula el Sistema Arbitral de Consumo y la mediación en el procedimiento arbitral:

1.- La designación del árbitro deberá recaer en el personal de la Junta Arbitral.

2.- Será requisito para actuar como mediador en las Juntas arbitrales ser licenciado en derecho o contar con una experiencia de al menos 3 años en el ámbito de la protección de los consumidores (...).

multidisciplinar, así como por su continuo contacto con materias que se encuentran dentro del orden público.

En lo referente al *valor del acuerdo* alcanzado, y en consonancia con lo recogido en el art. 36 LA/2003, es posible dotarle de una mayor eficacia a través de la homologación arbitral del mismo –laudo por acuerdo de las partes[123]–. Alcanzando así el acuerdo de mediación de consumo la misma eficacia que "cualquier otro laudo dictado sobre el fondo del litigio" –art. 36,2 LA/2003; es decir, efecto de cosa juzgada y fuerza ejecutiva (art. 517,2.2 LEC). El art. 48,2 RDAC también se refiere a esta posibilidad en igual sentido. E incluso, a tenor del art. 517,2.3 LEC, no debe descartarse la posibilidad de *homologación*[124] judicial del acuerdo alcanzado en mediación que, incorporado al proceso, tendría la misma consideración de una transacción judicial.

Por último, cabe preguntarse si la mediación se concibe como una fase previa al procedimiento arbitral o bien se incardina en él. El RDAC/2008 opta claramente por la segunda opción, como se deduce claramente del art. 38 –mediación en el procedimiento arbitral–, art. 37,3 –dentro de la iniciación del procedimiento, invitando a las partes a llegar a un acuerdo a través de la mediación– y art. 49,1.I –suspendiendo el cómputo del plazo para dictar laudo si se intenta la mediación.

En conclusión, la mediación en el ámbito de las relaciones de consumo, en especial la que se lleva a cabo desde las Oficinas Municipales y Comarcales de Información a los Consumidores, las Juntas Arbitrales de Consumo y las asociaciones de consumidores, siempre tiene el objetivo de solucionar el conflicto, tanto en el arbitraje de consumo como en

[123] Esta resolución arbitral podría ser equiparable al auto que aprueba el acuerdo alcanzado por las partes en el proceso jurisdiccional –Cfr. arts. 415,2 y 428,2 LEC–.

[124] Y hablamos de "homologación" y no de mera documentación en forma de laudo, porque reconocemos a los árbitros un genuino poder fiscalizador del contenido del acuerdo, al menos en lo que respecta a su compatibilidad con el orden público, la evitación del fraude –procesal o de terceros– y la facultad decisoria de los árbitros respecto de los puntos controvertidos no resueltos, si el acuerdo fuera parcial. A toda esta interpretación nos da pie el inciso legal relativo al deber de los árbitros de dictar el laudo en los términos convenidos por las partes "si no aprecian motivo para oponerse" del art. 36,1 LA/2003.

la vía judicial ordinaria, pero nunca como trámite previo a la incoación de un procedimiento sancionador o como medida de coacción para forzar una solución al caso concreto.

C.2. Solicitud y fase de admisión

Aunque esta es la expresión que utiliza el RDAC/2008, nos gusta llamarla demanda y contestación[125], porque realmente la solicitud opera como tal, como una demanda. Determinada la competencia territorial de la JAC, el siguiente paso es analizar si procede admitir –o no– la solicitud de arbitraje.

La forma de la solicitud es bastante sencilla, si bien cuenta con algunas exigencias formales como recoge el art. 34 RDAC:

a) Nombre y apellidos, domicilio, lugar a efectos de notificaciones, nacionalidad del solicitante (demandante) y DNI, y en su caso, de su representante.

b) Nombre, apellidos o razón social y domicilio del reclamado (demandado) y todos aquellos datos que el consumidor pueda aportar para su identificación.

c) Breve descripción de los hechos que originan el conflicto y exposición de las pretensiones[126] del reclamante, su cuantía y los fundamentos en que basa su pretensión.

d) En su caso, copia del convenio arbitral.

e) Lugar, fecha y firma, ya sea convencional o electrónica.

f) El reclamante podrá proponer o aportar las pruebas de que intente valerse.

---

[125] De hecho, en alguna norma del RDAC también se utiliza la expresión demanda y contestación a la demanda, como en el art. 46.1.

[126] Pretensión: Las afirmaciones realizadas por el actor en la demanda integran o componen la pretensión, que no es un derecho sino una declaración de petición, un acto jurídico consistente en una petición específica, que se dirige al órgano jurisdiccional (arbitral), frente a otra persona, sobre un bien jurídico determinado.

La solicitud puede presentarse por escrito, por vía electrónica o por cualquier otro medio que permita tener constancia de la solicitud y su autenticidad. Las JAC dispondrán de modelos normalizados tanto para la solicitud como para la contestación y la aceptación del arbitraje si se trata de una empresa no adherida[127].

Presentada la solicitud por el reclamante, se abre una fase de admisión cuyo control dependerá de si se trata de requisitos de forma o de presupuestos de orden material.

- **Requisitos de forma**: Si la solicitud no reúne los requisitos mínimos que se exigen en el art. 34,1 de RDAC, será el Secretario de la JAC el que requiera al solicitante para que pueda subsanarlos en el plazo de 15 días, con advertencia del archivo de las actuaciones de no subsanarse.

Por lo que se refiere al control de la *competencia territorial* (también previo a los requisitos materiales como hemos visto con anterioridad), se atribuye al Presidente de la JAC, ante quien se interpone la solicitud y, si procede, la trasladará en el plazo de 15 días a la JAC competente –art. 37,1 en relación con el art. 8 RDAC– (con lo que se está implícitamente declarando incompetente, y antes hemos dicho que no podría serlo, pero claro, estamos ante una contradicción que hay que subsanar. O todas las JAC, en principio, deberían poder ser competentes para conocer de cualquier conflicto sin perjuicio de que también lo sean otras, o estamos entonces diciendo que ninguna JAC pueden requerir de incompetencia a otra, pero sí puede declararse incompetente ella misma –por un problema de existencia de convenio– porque es un requisito de forma)

- **Requisitos de fondo** (materiales): Son presupuestos de admisibilidad y, como sabemos, vienen a impedir el propio arbitraje. Su control está referido al Presidente de la JAC[128]. Estas ***causas de inadmi-***

[127] Ello, principalmente, para facilitar la tramitación y habida cuenta de que no es necesario acudir al procedimiento asistidos de abogado y representados por procurador. Estos modelos normalizados están disponibles en las JAC y en la Oficina Virtual del SAC.

[128] No propiamente a los árbitros o Colegio arbitral, salvo en el supuesto del art. 35.3 RDAC.

sión vienen recogidas en el art. 35 RDAC donde hace referencia a las previstas en el art. 2 RDAC (recordemos, objeto del proceso arbitral, es decir, materias disponibles y no disponibles), a las solicitudes que resulten infundadas y a aquellas en las que no exista o no se aprecie afección de los derechos e intereses legítimos económicos de los consumidores o usuarios. Esto viene a suponer un enjuiciamiento sobre el fondo del asunto "*a limine litis*", lo cual, como regla general, está prohibido en el proceso jurisdiccional civil, salvo alguna excepción (como la promesa de matrimonio, recogida en el art. 42 CC[129], cuando regula que no producirá efecto procesal alguno). En este punto el arbitraje de consumo presenta una peculiaridad, no sólo con el proceso civil, sino incluso con la LA/2003, donde son los árbitros los que están facultados para enjuiciar la existencia o validez del convenio arbitral o cualquier otra circunstancia que impida entrar en el fondo del asunto, lo que pueden resolver con carácter previo o bien en el laudo de fondo (art. 22 LA/2003).

Si el Presidente de la JAC acuerda la inadmisión por alguno de las causas del art. 2 RDAC (y sólo en estos supuestos) dicha resolución podrá ser *recurrida ante la Comisión de las JAC*,[130] en el plazo

---

[129] Art. 42 CC: 1. "La promesa de matrimonio no produce obligación de contraerlo ni de cumplir lo que se hubiere estipulado para el supuesto de su no celebración 2. No se admitirá a trámite la demanda en que se pretenda su cumplimiento".

Y ello, el rechazo *a limine litis* de la demanda, en base principalmente a que nos encontramos ante un interés no tutelable por el ordenamiento, con lo cual, si no tiene siquiera tutela jurídica, no puede obviamente tener tutela jurisdiccional.

[130] En este sentido, este recurso es una de las importantes novedades que introduce el RDAC/2008: La posibilidad de interponer recurso frente a las resoluciones de admisión a trámite de las solicitudes de arbitraje ya que, aunque el RDAC/1993 no preveía ningún tipo de recurso frente a esas resoluciones –pues expresamente señalaba que la inadmisión a trámite de la solicitud de arbitraje dejaba expedita la vía judicial en su art. 8.2–, ello no impidió que algunas voces se plantearan la viabilidad de un recurso administrativo y, frente a éste, un eventual recurso contencioso-administrativo. Vgr. CARRASCO PERERA, "Delimitación temporal, objetiva y territorial del arbitraje de consumo", en la obra AAVV, "El arbitraje de consumo: una nueva perspectiva del arbitraje de Derecho privado", op. cit., 2004, pág. 98 y NAVARRO LORENTE (citado por ÁLVAREZ ALARCÓN, A., "El sistema español de arbitraje de consumo", op. cit., 1999, pág. 212).

de 15 días –contados a partir de la notificación del acuerdo que se impugna[131]–. Se podrá interponer ante la Comisión de las JAC o ante el Presidente de la JAC que dictó la resolución que se impugna dándose traslado en 15 días a la Comisión de las JAC. El plazo máximo para resolver el recurso será de 3 meses, transcurrido el cual, si no hay resolución expresa, se entiende desestimado (silencio administrativo negativo). La resolución de este recurso *pone fin a la vía administrativa*[132]. Expresión desafortunada esta porque, tal como vimos, no esta-

---

Como hemos tenido ocasión de criticar, estaríamos cayendo en el absurdo de recurrir judicialmente la resolución de aceptación/denegación de la solicitud de arbitraje, pudiendo durar años dicha vía judicial, y sin haber comenzado siquiera el propio arbitraje (lo cual es totalmente contrario a la naturaleza de rapidez a la que aspira todo el sistema arbitral). Además, se estaría considerando al arbitraje como paso previo al jurisdiccional, y eso es completamente falso. (Vid. *supra* C.1.1.- Naturaleza jurídica y características de las JAC).

[131] Otro dato a tener en cuenta a la hora de "administrativizar" el arbitraje de consumo, puesto que la normal general seguida por la L 30/1992, es la de "a contar desde el día siguiente a la notificación del acuerdo", y el art. 36,1 RDAC computa "desde la notificación del acuerdo que se impugna", con lo cual se estaría quitando un día del cómputo total, y se desvincula de la norma general. Art. 48,4 L 30/1992: "Los plazos expresados en días se contarán a partir del día siguiente a aquel en que tenga lugar la notificación o publicación del acto de que se trate...".

[132] En este sentido, OROZCO PARDO/PÉREZ-SERRABONA GONZÁLEZ, "El arbitraje de consumo", en "Estudios sobre el arbitraje: Los temas claves" (Coord. González Montes J. L.), op. cit., 2008, pág. 461.

El problema que nos encontramos con esta resolución del recurso es el siguiente: en el Borrador de reforma del RDAC se regulaba expresamente que "la no aceptación de la solicitud de arbitraje se notificará a los interesados, dejando abierta la vía judicial" sin preverse recurso alguno contra la misma. En el texto definitivo del RDAC, no sólo se regula un recurso contra la inadmisión del arbitraje por las causas del art. 2 del RDAC, sino que se cambia la expresión "dejando abierta la vía judicial" por "la resolución de este recurso pone fin a la vía administrativa", –como tuvimos ocasión de criticar –vid *supra* C.1.1.– Naturaleza jurídica y características de las JAC–, con ello no nos queda claro si el legislador pretende de una vez por todas que se pase a la vía judicial, sin que quepa la menor duda de la posibilidad de vía administrativa (porque podemos entenderlo como un acto administrativo y como tal recurrible – lo cual, por otra parte, no parece lógico, dado que el estatuto del Presidente le garantiza su independencia y el arbitraje no es una competencia delegada–). Ahora bien, si llegamos a la conclusión de que a lo que está haciendo

mos ante una vía administrativa como tal, sino ante un procedimiento arbitral. Debería entenderse como que se deja expedita la vía judicial –que es además como lo regulaba el RDAC/1993–. Utilizar esta expresión induce a error, entendemos, porque da la impresión de que puede recurrirse la decisión de la Comisión ante la jurisdicción contencioso-administrativa y nada más lejos de la realidad. Será la propia cuestión o conflicto la que quede expedita para someterla, de nuevas, al conocimiento de la jurisdicción[133].

Ahora bien, volvamos a hacernos una reflexión en voz alta. ¿Resulta adecuado remitir al interesado a un recurso administrativo y, en última instancia, a un contencioso para impugnar la resolución de inadmisión? Evidentemente se trata de una opción, de una decisión de política legislativa quizá empecinada en resultar coherente con la atribución a las JAC de la naturaleza de órganos administrativos. Porque, y sin escapar de esa concepción, podría haberse optado por el que esas resoluciones pudieran ser impugnadas ante los órganos ordinarios del orden jurisdiccional civil (como también lo son las resoluciones –administrativas– recaídas en materia de protección de menores, tal y como

---

referencia es a quedar expedita la vía judicial, nos preguntamos si de igual modo se podría iniciar otra vez el arbitraje, en cualquiera de los casos del art. 2.2 RDAC, si resulta que finalmente no había indicios de delito, por ejemplo. Si bien respecto de los motivos del apartado primero del citado art. 2 RDAC no cabría arbitraje, ya que si es una materia no disponible por las partes, nunca lo va a ser, por lo que tendríamos que acudir a la vía judicial.

[133] El RDAC/2008 se hizo eco de distintas voces que pretendían una perspectiva más administrativista del arbitraje de consumo. Por ello, en coherencia con la naturaleza administrativa que se le reconoce a las JAC –arts. 3,2 y 5–, permite que algunas resoluciones sobre admisión/inadmisión de la solicitud de arbitraje puedan ser recurridas ante la Comisión de las JAC –art. 36–. Y ello, porque el art. 35,2 señala que "Salvo lo previsto en el artículo siguiente, dicha resolución (de los Presidentes de las JAC) pone fin a la vía administrativa". De esta manera, sanciona que cabe recurso frente a las resoluciones que inciden sobre la materia objeto de arbitraje de consumo, y son irrecurribles en vía administrativa las resoluciones que se pronuncien sobre la falta de fundamento de la solicitud de arbitraje o aquellas en las que no se aprecie afectación de los derechos y legítimos intereses de los consumidores y usuarios.

contempla y regula el art. 780 LEC[134] –que se remite a los trámites del juicio verbal–[135]).

Y además, ¿por qué se admite la posibilidad de recurrir la decisión de admisión/inadmisión de las solicitudes de arbitraje y sin embargo, no se regula ningún tipo de recurso, ni queja, ni posibilidad de actuación alguna contra la decisión de no admisión como empresa adherida? ¿Es que acaso una resolución se trata como administrativa y la otra no partiendo del mismo órgano? Cuestiones que lanzamos para su reflexión.

Por otra parte, art. 35,3 RDAC/2008, respecto del control desarrollado por el órgano arbitral, nos suscita una duda: Si el control que realiza el Colegio arbitral se desencadena sólo a instancia de parte o cabe también el control de oficio por aplicación supletoria del art. 22,1 LA/2003. La literalidad del precepto se refiere expresamente a la impugnación de admisión. No obstante, esta interpretación restrictiva no tiene sentido si la ponemos en relación con el inciso final del precepto –art. 35,3 RDAC– que, de modo reiterativo, señala como incluida la oposición a la admisión de la solicitud de arbitraje. Así pues, podemos concluir que el control que realiza el árbitro sobre su propia competencia puede desencadenarse, bien a instancia de parte –cuando se formula oposición a la admisión–, bien de oficio –cuando no existe oposición por el empresario pero el árbitro considera inadmisible la solicitud de arbitraje–.

---

[134] Art. 780 LEC: "No será necesaria la reclamación previa en vía administrativa, para formular oposición ante los Tribunales Civiles, a las resoluciones administrativas en materia de protección de menores".

En relación con el art. 120 L 30/1992, de 26 de noviembre, de Administraciones Públicas-Procedimiento Administrativo: "La reclamación en vía administrativa es requisito previo al ejercicio de acciones fundadas en derecho privado o laboral contra cualquier Administración Pública, salvo los supuestos en que dicho requisito esté exceptuado por una disposición con rango de ley".

[135] En el mismo sentido, DÍEZ GARCÍA, "Admisión e inadmisión a trámite de solicitudes de arbitraje de consumo. Regulación actual y perspectivas de reforma tras la Ley 44/2006", op. cit., 2007, págs. 46-47.

C.3. Iniciación del procedimiento, nombramiento de árbitros y contestación del reclamado

Caso de no apreciar causas de inadmisión[136], el Presidente de la JAC admite la solicitud, y una vez verificada la existencia de convenio arbitral válido (o contrato de adhesión), promoverá la iniciación del procedimiento arbitral, ordenando su notificación a las partes –art. 37,3 a) RDAC–. En esa misma resolución, el Presidente podrá designar al árbitro o árbitros que van a conocer del conflicto[137], notificando también a las partes dicha designación como recoge el art. 39,1 RDAC. En la resolución que acuerde el inicio del procedimiento[138] se debe hacer constar "expresamente" la admisión de la solicitud de arbitraje, la invitación a las partes para alcanzar un acuerdo a través de mediación previa (que es obligatoria y de la que ya hemos hablado) y el traslado al reclamado de la solicitud de arbitraje para que conteste o formule las alegaciones que tenga por conveniente en el plazo de 15 días y, acompañe en su caso, los documentos que estime pertinentes o proponga las pruebas de que intente valerse –art. 37,3 a) II RDAC–.

---

[136] Nos llama la atención a este respecto, la incompatibilidad inicial en el nombramiento de mediador y árbitro en el conflicto. En efecto, como ya hemos comentado, por la reforma operada en la LA/2003 por la L 11/2011, el árbitro no podrá haber intervenido como mediador en el mismo conflicto, salvo acuerdo en contrario de las partes.

Como podrá observarse, de la lectura del propio texto reformado del art. 15, 1 y 7 LA/2003, no se trata tanto de una rigurosa incompatibilidad, sino de una mera recomendación, en la medida en que se prevé la posibilidad del acuerdo en contrario de las partes, esto es, que las partes convengan que el mediador pueda actuar también como árbitro en el mismo conflicto.

[137] A este efecto, la explicación del punto III.C.4.- Órganos arbitrales.

[138] Como podemos observar, el RDAC pone fin a la polémica surgida en torno al *dies a quo* en el que se inicia el procedimiento arbitral, al señalar como tal el día en que el Presidente acuerde la iniciación del mismo. La determinación de esta fecha es muy importante, entre otras cosas, porque sirve para determinar el plazo para dictar el laudo. En el RDAC/1993 se barajaban dos fechas: el día en que se constituía el Colegio Arbitral y la fecha de solicitud del arbitraje. Sobre esta polémica, vid. ALVAREZ ALARCÓN, A., "El sistema arbitral de consumo", op. cit., 1999, págs. 217 a 219.

Por lo que concierne a las *posturas del demandado*, lo más lógico y usual es que conteste oponiéndose a la solicitud del reclamante. De hecho, en este mismo sentido, el art. 37,3 b) III en relación con el art. 42,2 RDAC, recoge que las alegaciones presentadas por el demandado en el plazo de 15 días una vez que se le da traslado de la solicitud tendrán el valor de contestación a la solicitud de arbitraje y se integrarán, con toda la documentación aportada por las partes, en el procedimiento arbitral. Como ya hemos apuntado, las JAC cuentan con impresos normalizados para esta contestación.

Quizás, la única especialización que podemos encontrarnos es en el supuesto de la no contestación, el silencio, la falta de actividad o la incomparecencia de las partes, que no se considerará en ningún caso allanamiento (que de existir, ha de ser expreso) ni admisión de hechos. En este procedimiento arbitral de consumo, cualquiera de esas posturas no impedirá que se dicte laudo, ni se le privará de eficacia, siempre que el órgano arbitral pueda decidir el conflicto con los hechos y documentos que consten en la demanda y contestación, si esta se hubiera producido –art. 46 RDAC–.

C.2.1. Especial referencia a la reconvención

Pero, sin duda, lo que más nos llama la atención es la posibilidad de *reconvención.* Podemos definirla como la interposición del demandado de una pretensión contra el reclamante, formulada ante el mismo órgano arbitral y en el mismo procedimiento en el que la pretensión del reclamante se tramita, pretendiendo que este venga obligado a realizar una prestación determinada –pago de una deuda, devolución de bienes, compensación de deudas, etc.[139]–, que tenga una conexión con la pretensión o pretensiones del reclamante.

Estamos pues, ante dos pretensiones que se discutirán en un mismo procedimiento, que se resolverán en una única resolución que conten-

---

[139] OROZCO PARDO/PEREZ-SERRABONA GONZÁLEZ, "El arbitraje de consumo", en "Estudios sobre el arbitraje: Los temas claves" (Coord. González Montes J. L.), op. cit., 2008, pág. 463 y ss.

drá dos pronunciamientos –el principal y el reconvencional–, que obviamente no pueden ser contradictorios[140].

El RDAC/1993 nada preveía sobre esta figura; sin embargo, tanto el art. 4 de la L 60/2003 (recordemos que es la ley supletoria del SAC)[141] como el art. 43 RDAC/2008 la contemplan, dejando claro este precepto que el planteamiento de la reconvención deja inalterada la competencia del órgano arbitral designado por la JAC. Por su parte, este artículo también recoge la limitación de que la reconvención trate de una materia susceptible de arbitraje de consumo (lógico, por otra parte) y la necesidad de conexión a la que anteriormente hemos hecho referencia[142]. De cualquier forma, si la reconvención fuese inadmitida, tal circunstancia se recogerá en el laudo que ponga fin a la controversia[143].

Si la reconvención se admite, obviamente en base a los principios de audiencia e igualdad, se otorgará al reclamante un plazo de 15 días para presentar alegaciones, y en su caso, proponer prueba, retrasando si es preciso, la audiencia prevista en el procedimiento. Es decir, una vez iniciado el procedimiento arbitral y formalizado el convenio arbitral en-

---

140 En este sentido, MONTERO AROCA Y OTROS, "Derecho Jurisdiccional II. Proceso Civil", op. cit., 2007, págs.221 y 222.

141 En este sentido, destacamos la Sentencia AP de Lérida 3237/2005, de 27 de enero, respecto del Recurso de anulación de laudo arbitral del Tribunal Arbitral de Consumo, donde "se aduce que el laudo arbitral es contrario al orden público por cuanto en el Art. 29 de la Ley 60/2003 no se establece la posibilidad de formalizar reconvención, de forma que el contenido de la reconvención planteada sólo podría ser objeto de discusión y debate si hubiese sido aceptada por esta parte, lo cual no ha sucedido. La solicitud de arbitraje únicamente incluía cuestiones relativas a la obra presupuestada, sin que se confiriera potestad para decidir sobre las obras no presupuestadas".

142 Para que pueda ser admitida la reconvención es requisito imprescindible que se trate de cuestiones conexas al mismo negocio jurídico que motivó la reclamación inicial y tenga relación directa con aquella.

143 Nos preguntamos si esta puntualización del legislador es para aclarar en el laudo si ha existido o no reconvención, o va más allá, y su inclusión es como una especie de certificación de no celebración de la reconvención por la posible anulación del laudo. De cualquier manera, no llegamos a entender la virtualidad práctica de esta norma, pues inadmitir la reconvención, no conlleva efecto de cosa juzgada y tampoco conlleva cerrar la posibilidad de llevar a cabo esa pretensión en la vía que mejor se considere, incluido el arbitraje.

tre las partes, la parte demandada podrá formular a su vez reclamación contra el demandante (reconvención), a fin de que el consumidor solicitante del arbitraje sea obligado en el mismo laudo, a efectuar cualquier acción o liquidar cantidad alguna.

La reconvención podrá plantearse en cualquier fase procedimental con la antelación suficiente que permita su traslado formal al consumidor demandante antes de la celebración del acto de audiencia. Si la reconvención se formulara durante la misma, se admitirá igualmente pero, al objeto de no causar indefensión, se facilitará al reclamante la posibilidad de solicitar la suspensión temporal del acto de audiencia. Si el reclamante desiste de su derecho a solicitar la suspensión se continuará la audiencia; en caso contrario, se reanudará en nueva fecha.

No podemos pasar por alto que el art. 43 RDAC otorga la posibilidad a las partes de lo que procesalmente se denomina *mutatio libelli*, pero en sentido inverso a lo que ocurre en el proceso civil. Es decir, mientras que el art. 412 LEC recoge que establecido el objeto del proceso en la demanda, en la contestación y, en su caso, en la reconvención, las partes no podrán alterarlo posteriormente (es la prohibición de *mutatio libelli*); esta regla no se aplica en el proceso arbitral de consumo, ya que existe una mayor disponibilidad del objeto del proceso, pudiendo plantearse su modificación o ampliación en la demanda o en la contestación (y por ende, en la reconvención), solo con el tope preclusivo de la finalización del trámite de audiencia. Y, tampoco en este caso se vería alterada la competencia inicial del órgano arbitral.

¿Podría existir la posibilidad de que cuando el demandado plantea reconvención añada a su lista de demandados reconvenidos algún sujeto más que el que le puso la demanda inicial a él? Porque el art. 407,1 LEC dispone que la reconvención puede formularse contra el demandante y contra otros sujetos no demandantes, siempre que puedan considerarse litisconsortes voluntarios o necesarios del actor reconvenido por su relación con el objeto de la demanda reconvencional. De igual modo, no encontramos inconveniente para esta posibilidad, si bien es cierto que encontraríamos también una solución por vía de la acumulación (recordemos que el art. 39,2 RDAC faculta al Presidente de la JAC para que pueda acordar la acumulación "subjetiva" de las solicitudes presentadas frente a un mismo reclamado, siempre que concurra la misma causa de pedir, para que sean resueltas en un único procedimiento por el órgano arbitral. En este sentido art. 71, 2 y 3 en relación con el art. 72 LEC)

C.2.2. Especial referencia a la adopción de medidas cautelares

No queremos pasar por alto un tema que ya suscitó en la LA/2003 numerosos comentarios y que, si bien no se contempla en el RDAC/2008, tampoco se prohíbe.

Estamos haciendo referencia a la posibilidad de adopción de *medidas cautelares*[144]. Tema polémico donde los haya, ya que supuso en la LA/2003 un mayor abundamiento en las facultades de disposición de los árbitros, así como una quiebra del tradicional monopolio jurisdiccional en esta materia[145]. En efecto, entre las novedades más significa-

---

[144] Respecto a todo el tema de las medidas cautelares en general, vid. TORRES ROSELL, N., "Las medias cautelares", Madrid, 2001, págs. 134 y ss.

Se mantiene por la L 11/2011, la potestad de los árbitros para adoptar medidas cautelares, expresamente reconocida y regulada en el art. 23 LA/2003, que no ha sido objeto de modificación alguna en este sentido.

Sin embargo, una de las modificaciones sustantivas de la última enmienda de 2006 de la Ley Modelo UNCITRAL ha sido la regulación de las medidas cautelares. Posiblemente con su moderación en este aspecto, la Ley 11/2011 ha perdido una oportunidad de avanzar un poco más en nuestra regulación al respecto. No obstante, existen las bases en la LA/2003 y en nuestras normas procesales para desarrollar las directrices del modelo UNCITRAL en materia tan esencial.

[145] Llama la atención de numerosos autores, entre los que destacamos a FERNÁNDEZ-BALLESTEROS LÓPEZ, que sin limitación alguna y dándoles una eficacia y tratamiento procesal que va más allá del "devoto" seguimiento a la Ley Modelo UNICITRAL –art. 17–, la LA/2003 autoriza a los árbitros para acordar "cuantas medidas cautelares fueran necesarias". Pero recordemos que las medidas cautelares solo pueden adoptarse "sobre el objeto del litigio", es algo obvio, pues los árbitros exclusivamente pueden tomar decisiones válidas sobre aquella/s cuestiones que, por haberles sometido las partes (o, en nuestro caso, por ser una materia no excluida del arbitraje de consumo), forman el objeto del proceso.

Al respecto, FERNÁNDEZ BALLESTEROS, M. A., "Potestad de los árbitros para adoptar medidas cautelares. Art. 23", en Comentarios a la nueva Ley de Arbitraje 60/2003, de 23 de diciembre, (Coord. González Soria), op. cit., 2004, págs. 269 a 279.

tivas de la citada LA/2003 se erige que la potestad para la adopción de medidas cautelares deja de ser competencia exclusiva de los órganos jurisdiccionales porque se admite también su declaración por los propios árbitros, siempre que no conste acuerdo en contrario por las partes[146] –art. 23 LA/2003–.

No obstante, debe advertirse que si bien se reconoce a los árbitros la posibilidad de adoptar la medida cautelar, los mismos siguen careciendo de *imperium* para ejecutarla en el caso de que el sujeto no cumpla voluntariamente. Por otra parte, la novedosa facultad arbitral de adoptar medidas cautelares no priva de tal atribución a los órganos jurisdiccionales, conforme al art. 11,3 LA/2003 o incluso al art. 722,1 LEC[147], es decir:

---

[146] Exposición de Motivos de la LA/2003, Título V *in* fine: "El artículo 23 incorpora una de las principales novedades de la ley: la potestad de los árbitros para adoptar medidas cautelares. Dicha potestad puede ser excluida por las partes, directamente o por remisión a un reglamento arbitral; pero en otro caso se considera que la aceptan. La ley ha considerado preferible no entrar a determinar el ámbito de esta potestad cautelar. Obviamente, los árbitros carecen de potestad ejecutiva, por lo que para la ejecución de las medidas cautelares será necesario recurrir a la autoridad judicial, en los mismos términos que si de un laudo sobre el fondo se tratara. Sin embargo, si dentro de la actividad cautelar cabe distinguir entre una vertiente declarativa y otra ejecutiva, esta ley les reconoce a los árbitros la primera, salvo acuerdo en contrario de las partes. Esta norma no deroga ni restringe la posibilidad, prevista en los artículos 8 y 11 de esta ley y en la Ley de Enjuiciamiento Civil, de que la parte interesada inste de la autoridad judicial la adopción de medidas cautelares. Las potestades arbitral y judicial en materia cautelar son alternativas y concurrentes, sin perjuicio del juego del principio de buena fe procesal".

[147] Por otro lado, es obvio que el primer gran avance como punto de partida en este tema de las medidas cautelares es la LEC, incidiendo de forma notable en la conformación legal que posteriormente se ha dado a esta materia, en la LA/2003. Se produjo un paso tímido, insuficiente en todo caso, pero que, a la postre, probaba que algo estaba cambiando en el arbitraje. Vemos cómo el art. 722 LEC aborda una cuestión que tradicionalmente ha suscitado grandes debates en la doctrina española; sin embargo, venía a dar respuesta al problema referente a la solicitud a los órganos españoles, de adopción de determinadas medidas cautelares en apoyo a un proceso arbitral desarrollado en España –o de un proceso arbitral o judicial que tenga lugar fuera de nuestras fronteras–, admitiendo expresamente la posibilidad de pedir medidas cautelares en los procedimientos arbitrales.

— Por un lado, el art. 23 LA/2003 reconoce la potestad de adopción de medidas cautelares a los árbitros.

— Por otro lado, se mantiene –y así se reconoce– la competencia judicial para la adopción de dichas medidas –art. 8,3 LA/2003 en relación con el 724 LEC–. Y además, el art. 11,3 LA/2003 establece esa posibilidad de que se adopten medidas cautelares por el Juez, incluso con anterioridad a las actuaciones arbitrales, si bien su regulación se circunscribe en el ámbito propio del convenio arbitral[148] –art. 722 LEC–.

Siguen esta misma línea, VALBUENA GONZÁLEZ, "La intervención de los juzgados de lo mercantil en materia de arbitraje", en Actualidad Jurídica Aranzadi, núm. 618, Pamplona, 2004, págs. 7 y 8 y BARONA VILAR, S., "Comentarios a la Ley de Arbitraje (Ley 60/2003, de 23 de diciembre). Artículo 23", (Coord. Barona Vilar, S.), op. cit., 2004, págs. 832 y ss.

Problema añadido nos encontramos a la hora de analizar –como venimos haciendo– la última reforma de la LA/2003, operada por la L 11/2011, en cuanto que se añade la posibilidad de solicitud de medidas cautelares *con anterioridad* a las actuaciones arbitrales (art. 722 LEC), con la única limitación de acreditar ser parte en un convenio arbitral.

Ahora bien, nos preguntamos de la idoneidad de esta reforma en tanto en cuanto que, si bien es cierto que la intervención de abogado y procurador no es preceptiva para la solicitud de "medidas urgentes con anterioridad al juicio" (arts. 23,2,3º in fine LEC –procurador–, y 31,2,2º LEC –abogado–), no signifique que las medidas cautelares *ante litem* puedan solicitarse y sustanciarse, sin procurador ni abogado, sino que tan sólo la solicitud inicial de medidas podrá ser presentada sin abogado ni procurador cuando, además, se justifique la urgencia; pero, trasladado al arbitraje de consumo, puede suponer una traba importantes, ya que, aunque el Colegio no necesita abogado ni procurador para dirigirse al Juez en solicitud de la medida, el particular sí los necesita, y esto puede suponer un freno nada despreciable a la hora de solicitar una tutela cautelar.

Como advierte DIEZ PICAZO GIMÉNEZ, "Derecho Procesal Civil, Ejecución forzosa, Procesos especiales", AAVV, Madrid, 2000, pág. 392.

[148] En tal sentido se proclama la eficacia del convenio aun cuando las partes acudieren a los órganos jurisdiccionales a solicitar medidas cautelares, dado que no puede considerarse en absoluto como renuncia tácita al convenio arbitral. De hecho, en alguna ocasión la doctrina de las Audiencias Provinciales se había venido manifestando a favor de la adopción también por los órganos jurisdiccionales de medidas cautelares, rechazándose a tal respecto que pudiera afectar al convenio arbitral existente. Así, la Sentencia AP de Madrid de 20 de noviembre de 1999, ya entonces expresaba: "Desde la perspectiva examinada, ni la existencia de un convenio arbitral obstaculiza la solicitud

En cualquier caso, seamos conscientes de que la ausencia de regulación específica de las medidas cautelares en el ámbito propio del arbitraje hace que sea necesario acudir a la norma procesal común para configurar las características, naturaleza jurídica y presupuestos de las mismas. Desde luego, las medidas cautelares que adopten los árbitros deben orientarse a hacer posible la ejecución de un futuro (y eventual) laudo de condena[149] –art. 726,1,1° LEC–. No es objeto de este trabajo entrar en profundidad en estas cuestiones, pero a modo esquemático no queremos pasar la ocasión de hacer ciertas puntualizaciones sobre los presupuestos:

- La necesidad de efectiva existencia de *periculum in mora*, que es la causa o fundamento que autoriza la adopción de cualquier medida cautelar –art. 728,1 LEC–. Como regla, las actuaciones o los "peligros" anteriores a la presentación de la demanda, o los que no estén relacionados con la existencia misma de un proceso de declaración –incluido el arbitraje, se entiende– no son *periculum in mora*. Este no se presume ni se sobreentiende.

---

de medidas cautelares ante los órganos jurisdiccionales, ni la pendencia de una pretensión de esta clase limita o excluye la aptitud de los árbitros de conocer las cuestiones sometidas".

[149] Es aquí especialmente importante adoptar una concepción tradicional y menos agresiva del papel que debe asignarse a las medidas cautelares como instrumento exclusivamente pensado para hacer posible una futura e hipotética ejecución –art. 726 LEC–, de forma que las medidas cautelares:

– Se contraigan a actuaciones sobre el patrimonio del demandado. Permitiendo el citado artículo una ilimitada variedad de medias a este respecto (intervención judicial, anotación preventiva de demanda, depósito de cosa mueble, e incluso alguna más innovadora como prohibiciones de disponer, publicación de la interposición de la demanda, sin descartar las famosas *freezing orders* –antiguas "Mareva injunctions", también conocidas como embargo preventivo–, o las conocidas *cross border injunction* (prohibiciones de hacer transfronterizas, especialmente referidas a la propiedad intelectual).

– Se acuerden por el árbitro, exclusivamente para hacer posible la eventual ejecución del fallo. De ahí que sean esencialmente, temporales, provisionales y condicionadas.

– Se acuerden cuando no puedan ser sustituidas por una medida menos gravosa para el patrimonio del demandado.

Es obligación de quien pide la medida cautelar afirmar y probar[150] la existencia del mismo.

- La aportación de quien solicite la medida cautelar de una justificación inicial de su derecho *–fumus boni iuris–* (art. 728,2 LEC). Estamos ante el elemento más "delicado" de las medidas cautelares. Juzgar sobre la posibilidad de que el demandante tenga derecho a lo que pide para acordar o denegar una medida cautelar es, quizás, del todo punto imposible sin llegar a "prejuzgar" –en poco o en mucho– la decisión sobre el fondo del asunto.

  Y, sin embargo, impedir que el árbitro se "contamine" o "prejuzgue" antes de tener todos los elementos de hecho y de derecho que le permitan tomar una decisión acertada es misión imposible.

- En lo que respecta a la prestación de fianza, el art. 23,1 *in fine* LA/2003 lo deja a la discrecionalidad de los árbitros "(...) Los árbitros *podrán* exigir caución suficiente al solicitante".

Como regla general, quien obtiene a su favor una medida cautelar debe prestar "fianza suficiente" para responder de los daños y perjuicios que pueda ocasionarle al demandado si se demuestra que carecía de fundamento y suponga la revocación posterior de esa medida. Corresponde a los árbitros decidir la idoneidad y la cuantía de la fianza; y, si efectivamente se acuerda, su prestación previa y efectiva es requisito ineludible de cualquier acto de ejecución de las medidas cautelares ya acordadas –art. 737, I y II LEC–.

---

[150] Con prueba plena, pues es un presupuesto de la medida cautelar, no del laudo de fondo. De ahí, que para determinar la situación de peligro, el Juez se apoye en las afirmaciones del demandante sin necesidad de que este las acredite documentalmente, lo que no significa que sea conveniente que el demandante razone los motivos por los que existe tal temor. El Juez gozará de absoluta libertad para apreciar en el caso concreto la concurrencia de estas circunstancias y conocer o denegar la medida cautelar.

En el mismo sentido, FERNANDEZ-BALLESTEROS LÓPEZ, M. A., "Potestad de los árbitros para adoptar medidas cautelares. Art. 23", en Comentarios a la nueva Ley de Arbitraje 60/2003, de 23 de diciembre, (Coord. González Soria), op. cit., 2004, pág. 273.

Tanto en los artículos de la LA/2003 como en los de la LEC, siempre se recoge la expresión de "proceso arbitral", con lo cual entendemos posible incluir al proceso arbitral de consumo. Y, en lo que a este se refiere, puede que por su rapidez y simplicidad de procedimiento, se haga innecesaria la adopción de medidas cautelares; pero en la hipótesis contraria, nada impide la adopción de las mismas por los órganos arbitrales.

Téngase en cuenta que las dos posibilidades que presenta la Exposición de Motivos LA/2003 para la adopción de las medidas cautelares –por el Juez o por el árbitro–, son alternativas y concurrentes; ello significa que, de elegir un camino, el otro ya no puede utilizarse. En cualquier caso, en lo que al procedimiento arbitral de consumo se refiere, este ofrece algunos matices que han de ser analizados:

1. De todos es sabido que la adopción de medidas cautelares en cualquier procedimiento arbitral requiere la petición expresa de la parte –arts. 11,3 y 23 LA/2003–. La especialidad en el arbitraje de consumo consiste en determinar si esta petición corresponde en exclusiva al consumidor –dado el carácter unidireccional que rige a la iniciación del procedimiento arbitral de consumo–, o, si dado que el empresario puede formular reconvención, este también puede solicitarlas. Por un principio de igualdad nos decantamos por esta última opción; habida cuenta de que en las medidas cautelares *ante causam*, por pura lógica, solo procederían a instancia del consumidor.

   Por otra parte, debemos recordar que el empresario en la oferta pública de sometimiento al SAC puede limitar la cuantía o la materia sometidas a arbitraje. Por ello, no encontramos ningún inconveniente para que limite la tutela cautelar a determinadas medidas, e incluso la excluya totalmente[151].

---

[151] Vid. al respecto, *supra* III.B.- Objeto (*in fine*).

Para la posibilidad de renuncia de las partes a la tutela cautelar en el arbitraje ordinario, BARONA VILAR, S., "Medidas cautelares en el arbitraje", Navarra, 2006, págs. 105 a 155.

2. Teniendo en cuenta que, tanto los jueces como los árbitros –mediando solicitud de parte– pueden adoptar medidas cautelares, tanto con un proceso pendiente como *ante causam*, en el arbitraje de consumo no encontraríamos óbice alguno para llegar a la misma conclusión de que es posible el planteamiento de medidas prearbitrales (sin embargo, nos surgen numerosas dudas al respecto, por cuanto que todavía no hay árbitro designado o no se ha constituido aún el Colegio arbitral[152] –que sería, teóricamente, el momento en el que se viniera a pedir la adopción de medidas cautelares–).

D. Audiencia, prueba y terminación de las actuaciones

D.1. Fase de audiencia

El art. 44 RDAC establece el trámite de la *audiencia* al que serán citadas las partes con suficiente antelación y con advertencia expresa que en ella se podrán presentar las alegaciones y pruebas que se estimen necesarias para la defensa de su derecho.

Parece que este trámite ha de ser posterior a la contestación o la solicitud que formula el reclamado y su finalización recordemos que

[152] En cuanto a la perdurabilidad de las medidas cautelares *ante causam* adoptadas y la determinación del lapso de tiempo en que deberán instarse el procedimiento arbitral, la LEC señala la inaplicación del lapso temporal de 20 días para la interposición de la demanda y su sustitución para los casos de formalización judicial del arbitraje o el arbitraje institucional. En ellos, le corresponde al beneficiario de la medida cautelar solicitada –en nuestro caso el consumidor–, la carga de acreditar ante el Juez la iniciación de los trámites tendentes a la administración del arbitraje. En nuestro arbitraje de consumo estos trámites consisten en la solicitud de arbitraje presentada por el consumidor ante la JAC, seguida de la aceptación del empresario si no consta oferta pública de sometimiento, o no consta convenio arbitral. Por ello, hemos indicado que las medidas cautelares *ante causam* solo se podrían solicitar a instancia del consumidor.

Vid SENÉS MOTILLA, C., "La intervención judicial en el arbitraje", Navarra, 2007, págs. 90 y 91.

conlleva el momento preclusivo para la modificación del objeto del proceso. Esta puede ser escrita[153] (utilizando la firma convencional o electrónica) u oral (pudiendo ser presencial o a través de videoconferencia u otros medios técnicos que permitan la identificación y comunicación directa de los comparecientes). Celebrada la audiencia, se levantará acta firmada por el Secretario del órgano arbitral.

D.2. Fase probatoria

Por lo que a la prueba se refiere, el RDAC/2008 la regula en el art.45, si bien solo hace referencia a temas generales y no a medios de prueba en concreto ni al momento de su realización –si bien parece lógico que se desarrollen en el marco de la audiencia–.

El órgano arbitral es el que resolverá sobre la admisión o inadmisión de las pruebas propuestas y como no dice nada la norma respecto de ello, debemos acudir supletoriamente al art. 25,2 LA[154] para señalar que sólo podrán admitirse las pruebas que sean pertinentes, útiles y lícitas en relación con los hechos que fundamentan la pretensión, debiendo rechazarse por el contrario, las que resulten impertinentes, inútiles o ilícitas (ello, también en consonancia con la LEC –art. 283–). Por tanto no será necesario probar hechos que gocen de notoriedad absoluta y general, ni obviamente, aquellos sobre los que exista plena conformidad de las partes.

Respecto a los *medios de prueba*, no parece que exista limitación alguna, y como subraya el art. 45,1.II RDAC, los medios de reproducción de la palabra, imagen y sonido y los instrumentos que permitan archivar y conocer o reproducir palabras, datos, cifras y otras operaciones relevantes para el procedimiento (medios que introdujo la LEC en

---

[153] Lo que parece una contradicción con la palabra "audiencia" de "oír".

[154] La LA/2003 no se ha detenido a regular la fase probatoria del arbitraje más que en dos artículos, lo que provoca numerosas dudas en la práctica. Ante la ausencia de una regulación completa y con base en el espíritu antiformalista y libre que caracteriza el arbitraje, será el árbitro quien, siempre en defecto de acuerdo por las partes, dirija la fase probatoria arbitral.

el 2000 y de los que se han ido haciendo eco las distintas regulaciones legales, y ahora el RDAC/2008).

La intervención del órgano arbitral en la prueba no queda reducida a decretar su admisibilidad o no y, posteriormente la valoración de la prueba aportada y realizada en el procedimiento. Va más allá, posibilitando el RDAC/2008 lo que podemos denominar "*prueba de oficio*" (incluso con mayor amplitud que en la LA/2003 –art. 32– donde sólo aparece referida a la prueba pericial), pudiendo los árbitros incluso nombrar de oficio a los peritos. En el RDAC/2008 no hay limitación alguna en cuanto al medio de prueba concreto[155], facultándose al órgano arbitral para proponer y practicar de oficio cualquier prueba complementaria "que se considere imprescindible para la solución de la controversia" –art. 45,1 RDAC–.

En otro orden de cosas, como ya hemos visto[156], el art. 45,3 RDAC respecto de los *gastos* ocasionados por las pruebas practicadas a instancia de parte, este artículo recoge que serán pagados por la parte que los haya propuesto y, las pruebas comunes se pagarán por mitad; por otra parte, las practicadas por el órgano arbitral, serán costeadas por la JAC o Administración de que dependa. Eso sí, salvo que en el laudo se precie mala fe o temeridad, lo que conlleva la posibilidad de que el órgano arbitral distribuya los gastos de distinta manera.

Por otra parte, y con el mismo argumento que defendimos en las medidas cautelares, entendemos que nada impide la asistencia judicial para la práctica de pruebas con base al art. 33 LA/2003. Sabemos que dicha regulación introdujo dos novedades respecto de la LA/1988:

- En primer lugar, se amplía el ámbito de la asistencia a prestar por el Juez que no debe consistir necesariamente en la práctica de determinadas pruebas, sino sólo en la adopción de las medidas necesarias que permitan a los árbitros practicar dichas

---

[155] Debemos apuntar que, como sabemos, la regla general en el proceso civil es totalmente la contraria, no pudiendo proponer ni practicar los jueces de oficio ningún tipo de prueba, salvo las establecidas por la ley –art. 282 LEC–.

[156] Vid. *supra* IV.B.-Principios inspiradores del Proceso Arbitral de Consumo.

pruebas por sí mismos (tales como aseguramientos o requerimientos de exhibición de documentos –según la Exposición de Motivos de la citada Ley–).

- En segundo lugar, en relación a los sujetos legitimados, se abre la posibilidad a las partes de solicitar asistencia judicial, aunque deben contar con la aprobación de los árbitros. Conviene apuntar que en la solicitud de auxilio no se está obligado a ofrecer información alguna sobre el asunto sometido a arbitraje (quizás por el carácter reservado o privado del arbitraje)[157].

Nos centraremos brevemente en la intervención judicial en materia probatoria, pieza fundamental en cualquier proceso y, desde luego, no menos fundamental en el arbitraje de consumo.

Insistimos que, dado el vacío legal del que hace gala el RDAC/2008, en este punto tendremos que hacer referencia a lo previsto en el art. 33 LA[158] donde se indica que los árbitros podrán solicitar el auxilio del Juez de Primera Instancia del lugar donde se desarrolle el arbitraje.

---

[157] VALBUENA GONZÁLEZ, "La intervención de los juzgados de lo mercantil en materia de arbitraje", op. cit., Pamplona, 2004, págs. 6 y 7.

[158] El art. 7 LA/2003 por su parte, proclama de forma expresa que "en los asuntos que se rijan por la presente ley no intervendrá ningún tribunal, salvo en los casos en que esta así lo disponga" –por ende, en el arbitraje de consumo de donde la ley referenciada es de aplicación supletoria, art. 3,1 RADC–.

Se establece por tanto, un sistema de *numerus clausus*, para los asuntos en los que, los órganos jurisdiccionales pueden intervenir. Como la propia Exposición de Motivos determina, "se trata de un corolario del denominado efecto negativo del convenio arbitral que impide que los tribunales conozcan de las controversias sometidas a arbitraje. De este modo, la intervención judicial en los asuntos sometidos a arbitraje ha de limitarse a los procedimientos de apoyo y control, expresamente previstos por la ley". Los casos en que la ley prevé la intervención judicial, que ahora denomina de "apoyo y control del arbitraje", ponen de relieve una clara tendencia de autonomía del arbitraje respecto de la intervención judicial.

No obstante, entendemos que ninguna ley de arbitraje puede suprimir totalmente la intervención judicial, entre otras cosas porque las circunstancias que motivan la citada intervención –ausencia de *imperium*, anulación del laudo en vía judicial...– se derivan de la propia naturaleza del arbitraje.

Comentemos a modo anecdótico que desde el 25 de noviembre de 2010, se ha puesto en funcionamiento el primer juzgado de España especializado en funciones de

La expresión "podrán" del citado artículo puede llevarnos a la confusión de entender que la actividad de los árbitros, en el sentido de pedir el auxilio, tiene carácter facultativo. Tal concepción, además de suponer la denegación no motivada de ciertos medios probatorios, nos llevaría a contemplar la posible indefensión de la parte y la consiguiente responsabilidad, en este caso del Colegio Arbitral, prevista en el art. 16,1 LA/2003. Supone, por tanto, una autentica obligación de los árbitros requerir el auxilio judicial[159].

---

apoyo y control del Arbitraje. Efectivamente, se trata del Juzgado de Primera Instancia número 101 de Madrid (cuyas funciones se detallan en el Acuerdo de 25 de noviembre de 2010, del Consejo General del Poder Judicial, publicado en el BOE nº 310, de 22 de diciembre).

Respecto a las competencias del Juzgado 101 previstas por el CGPJ, se encuentran las de designación de árbitros cuando no haya acuerdo entre las partes, la adopción de medidas cautelares que soliciten los litigantes y el reconocimiento para ejecutar los laudos internacionales (hasta el 10 junio de 2011 que entró en vigor la L 11/2011 de reforma de la LA/2003).

El pasado 3 de marzo, la sede de la Escuela de Negocios CEU en Madrid acogió una Jornada de debate organizada por la Asociación Europea de Arbitraje (AEADE). Al final del acto, BEGOÑA PÉREZ SANZ, Magistrado-Juez del Juzgado de Primera Instancia 101 de Madrid ofreció una ponencia especial: "Funciones de apoyo y control. La experiencia de Madrid de crear un juzgado exclusivo para temas arbitrales", en la manifestó que se prevé que "a final de año que los asuntos tramitados asciendan a 2.600" entre arbitrajes y civil. Hasta marzo de 2011 ha recibido 434 asuntos. Por otro lado, explicó que las ventajas del Juzgado serán "que los temas irán más rápido", objetivo que se cumplirá si se cuenta con "una secretaría ágil, con funcionarios preparados que tramiten rápidamente". Una segunda ventaja es descargar de trabajo a la jurisdicción ordinaria, "su eficacia se verá con el tiempo", según PÉREZ SANZ. Por último, otro de los beneficios es la existencia de unificación de criterio. Sin embargo, en este tema, la magistrada es tajante: "Habrá un único criterio, pero no unificación". Hay que tener en cuenta que si se recurre en apelación, son varias las secciones de la Audiencia Provincial de Madrid que resuelven, "cada una con su propio criterio". PÉREZ SANZ es proclive a las peticiones judiciales para que haya unificación de doctrina en el Tribunal Supremo, porque "facilitaría el trabajo". Nosotros compartimos su opinión, añadiendo que aportaría seguridad jurídica.

Referencia Internet: http://www.aeade.org/corte/arbitraje/ficha_noticias.php?noticia=363

[159] En definitiva, el significado correcto del *"podrán solicitar"*, es más bien el de *"deberán solicitar"* o el de *"podrán obtener"*. Al respecto, ORTELLS RAMOS, "Comentario al artículo 27", en Comentario breve a la Ley de Arbitraje (Coord.: Mon-

Además, las partes carecen de recursos previstos por la ley para poner de relieve la errónea denegación de un medio de prueba, con lo cual, su desamparo es aun mayor y nos llevaría, en su momento, a la posible anulación del laudo al amparo del art. 45,2 LA/2003 (en relación con el 712 y ss. LEC).

Sin entrar a desarrollar la intervención del Juez en la práctica de los distintos medios de prueba, podemos señalar que, como regla general, los mismos deberán actuar en aquellos supuestos en que la materia objeto de la prueba se halle fuera del alcance de los litigantes[160].

Ahora bien, la intervención judicial debe ser utilizada de forma moderada, porque convertirla en algo habitual, sería tanto como estar reconociendo, por una parte, que el proceso arbitral no puede funcionar por sí solo si no tiene el auxilio del juez y, por otra, supondría una rémora tal que dilataría y entorpecería el procedimiento arbitral hasta hacerlo inútil.

Como la propia Exposición de Motivos mantiene, la fase probatoria dentro del proceso arbitral está presidida por la flexibilidad y la máxima libertad de las partes y *de los árbitros* (la *cursiva* es nuestra).

En cualquier caso, entendemos junto a GUTIERREZ SANZ[161] que sería necesaria la intervención judicial en dos casos concretos:

1. Aquellos supuestos en que el objeto de la prueba se halle fuera del dominio físico o jurídico del solicitante. Nos encontramos con el obstáculo de la falta de *imperium* del árbitro para poder realizar diligencias que precisan de actos coercitivos[162]. Tal supuesto se presenta realmente en muy pocas ocasiones. Debemos reconocer que la práctica

---

tero Aroca), Madrid, 1990, pág. 149; SAMANES ARA, C., "La intervención judicial en el arbitraje de consumo: incidencia de la LEC 2000", en Estudios de Consumo nº 63, 2002, pág. 39. GONZÁLEZ-MONTES SÁNCHEZ, J.L., "La asistencia judicial al arbitraje", op. cit., Madrid, 2009, págs. 19 a 77.

160 GUTIERREZ SANZ, Mª R., "La independencia e imparcialidad de los árbitros en el arbitraje de consumo", en Estudios sobre Consumo, nº 55, op. cit., 2000, págs. 59 a 70.

161 Vid. *supra* nota a pie 160.

162 Para todo este tema, vid. GONZÁLEZ-MONTES SÁNCHEZ, J.L., "La asistencia judicial al arbitraje", op. cit., Madrid, 2009, págs. 4 y 5.

del procedimiento arbitral de consumo refleja que son escasas las veces en que se presenta la resistencia de las partes a facilitar la práctica probatoria[163].

En cualquier caso, en lo que a la prueba documental se refiere, podría darse la circunstancia de que una de las partes pretenda exhibir un documento que no está en su poder y que no puede conseguir (o incluso, que esté en poder de la parte contraria). Los árbitros, carentes de *potestas* e *imperium*, tendrán que acudir al juez para que este adopte las medidas oportunas para que la prueba pueda practicarse –art. 328 y ss. LEC–.

En lo que a la *prueba testifical* se refiere, en el supuesto en que el testigo se muestra reacio a su comparecencia, el art. 292 LEC prevé, como mecanismo para lograr que el testigo comparezca, en primer lugar la multa si no acude al primer llamamiento, y en segundo lugar el apercibimiento de proceder contra él por desobediencia si tampoco comparece a la segunda citación, que se le hace cuando se le impone la multa. En nuestro caso, si el testigo no acude, los árbitros no pueden, obviamente, imponerle una multa. Entonces lo que han de hacer es dirigirse al juez para que les requiera a fin de que acudan a la nueva citación y haga el oportuno apercibimiento.

Sin embargo, no encontramos necesidad de intervención judicial en dos medios de prueba: el *reconocimiento judicial* y la *prueba pericial,* ya que en ambos es absolutamente imprescindible para su realización que el objeto sea puesto a la presencia y a la disposición de aquel que debe reconocer o evacuar el dictamen correspondiente[164]. En este sentido, pueden darse dos circunstancias:

---

[163] De hecho, en la práctica desarrollada en los tribunales de consumo es frecuente comprobar cómo las partes aportan voluntariamente al acto de la vista el objeto causante de la controversia, ya sea un traje de gitana que quedó depreciado por el tinte, o distintas prendas de vestir ubicadas delante del los miembros del Colegio Arbitral para apreciar que la máquina de coser no ejecuta correctamente lo publicitado por el vendedor.

[164] FONT SERRA, E., "El dictamen de peritos y el reconocimiento judicial en el proceso civil", Madrid, 2000, págs. 221 y ss.

— Que el objeto del reconocimiento sea un lugar, un objeto inmueble o un objeto mueble que no pueda ser trasladado a la sede del Colegio arbitral. En este caso lo que el tribunal deber procurar es que el Colegio arbitral pueda proceder al reconocimiento del bien, advirtiendo que en caso de que no se facilite el mismo se ordenara la entrada o el registro por parte del tribunal.

— O bien, que el objeto sea un bien mueble que pueda trasladarse materialmente al Colegio. Aquí, el Colegio debería advertir a aquel que dispone del objeto que lo ponga a disposición del Colegio arbitral, y que en caso contrario se solicitará el auxilio judicial para que el tribunal ordene la entrada en el lugar en que se halle el objeto.

2. Aquellas diligencias de práctica de la prueba que deban llevarse a cabo fuera del lugar previsto para desarrollar la actividad arbitral. Pero aquí, mientras que el art. 26 LA/2003 dispone que "las partes podrán acordar libremente el lugar del arbitraje. A falta de acuerdo, lo determinarán los árbitros, atendidas las circunstancias del caso y la conveniencia de las partes", en el RDAC/2008 nos encontramos con que se especifica el lugar de celebración del arbitraje otorgando una serie de fueros alternativos, y salvaguardando en todo caso la libertad de elección de la Junta por las partes.

La determinación del lugar del arbitraje es importante porque incide directamente en la fijación del juez competente para prestar la asistencia judicial en materia probatoria[165].

Ahora bien, el problema nos lo encontramos cuando la diligencia probatoria ha de realizarse en lugar distinto que el designado para la celebración del arbitraje de consumo (Vgr. cuando el objeto a reconocer se encuentra en otra provincia o cuando el testigo no puede desplazarse

---

[165] De hecho, el art. 8,2 LA/2003 prevé que será competente para la intervención judicial en la práctica de las pruebas el Juzgado de Primera Instancia del lugar del arbitraje o el del lugar donde hubiere de prestarse la asistencia.

Recordemos que la LO 5/2011 suprime la competencia de los Juzgados de lo Mercantil por derogación de la letra g) del art. 86 ter.2 LOPJ, en lo que a la asistencia judicial en materia probatoria se refiere.

y tiene su domicilio en otra ciudad). Pues bien, el art. 26,2 LA/2003 es muy claro al respecto, otorgando la posibilidad a los árbitros de reunirse en cualquier lugar que estimen apropiado –previa consulta a las partes– para la práctica de pruebas. Pero nos surge la duda de si el legislador se ha referido solo a la sede física dentro del mismo ámbito geográfico o también considera la posibilidad de movilidad o traslado del Colegio Arbitral fuera de dicho ámbito. En principio, no encontramos prohibición legal alguna que impida al Colegio Arbitral desplazarse para la realización de la práctica de pruebas, pero nos parece no solo que encarecería notable e incoherentemente todo el procedimiento arbitral –tengamos en cuenta que la práctica de las pruebas corre a cargo de la parte que las solicita conforme al art. 45,3 RDAC–, sino que estaría en contra del espíritu de gratuidad que imbuye al arbitraje de consumo.

Luego encontramos como solución más acertada, ciertamente porque es la más utilizada en la práctica, llegar a un acuerdo con las partes para que mediante una especie de auxilio judicial entre Colegios Arbitrales se practique el reconocimiento; eso sí, paliando la ausencia de inmediación con el levantamiento de un acta lo más completa y exhaustiva posible por parte del órgano arbitral auxiliador[166].

D.3 Terminación de las actuaciones

Terminada la fase de audiencia y la probatoria se produce la terminación ("normal") del arbitraje, a través del laudo[167]. Estamos ante el

---

[166] Existiría aún otra posibilidad, cual es la de acudir al Juez de Primera Instancia competente para el auxilio judicial, que podría ser el del lugar donde debe celebrarse la diligencia probatoria, o bien solicitar la práctica al Juez de Primera Instancia del lugar en que se está llevando a cabo el procedimiento arbitral y que éste mediante exhorto solicite la práctica al del lugar donde deba ser realizada la diligencia probatoria. Pero la descartamos de plano por ser esta, a nuestro juicio, la alternativa menos rápida y práctica.

[167] El laudo constituye el objetivo al que se encamina la actividad arbitral, salvo terminación "anormal" o, como preferimos llamarlas, "otras terminaciones del proceso". De no haber acuerdo expreso diferente, la decisión deberá constar en un solo laudo o en tantos parciales como se estime necesario.

Hablar de terminación "normal" del proceso arbitral es hacer una contraposición con esas otras terminaciones, como pueden ser el allanamiento, la renuncia, el desistimiento, la caducidad, transacción, etc. (a *sensu contrario*, ya vimos que el art. 46.2

acto formal de finalización del proceso arbitral que, como *equivalente jurisdiccional*, lo es –entre otras cosas– precisamente por ser vinculante, por la fuerza ejecutiva que tiene y por su efecto de cosa juzgada[168], como si de una sentencia judicial se tratase[169].

RDAC regula que "el silencio, la falta de actividad o la incomparecencia de las partes no se considerará como allanamiento o admisión de hechos". Entre otras cosas, porque como hemos comentado, el allanamiento debe ser expreso).

En estos casos de desistimiento, expiración de plazo, allanamiento, acuerdo de dar por terminadas las actuaciones –bien por las partes, bien por los árbitros–..., la Ley guarda silencio en cuanto a la forma que deben adoptar, y solo en el caso de la llamada transacción, denominada por la LA/2003 "laudo por acuerdo de las partes" –art. 36 LA/2003–, se hace un referencia expresa a su forma.

De hecho, el Titulo VI de la LA/2003 se dedica al laudo y otras formas de terminación del procedimiento arbitral.

Por su parte, el propio art. 38 LA/2003 establece que las actuaciones arbitrales terminarán con un laudo definitivo, pero también en otra serie de supuestos, tales como:

– El demandante desista de su demanda, a menos que el demandado se oponga a ello y los árbitros le reconozcan un interés legítimo en obtener una solución definitiva del litigio.

– Las partes acuerden dar por terminadas las actuaciones.

– Los árbitros comprueben que la prosecución de las actuaciones resulte innecesaria o imposible.

La cuestión no es en absoluto meramente teórica ni baladí, pues solo las resoluciones que revistan la forma de laudo son susceptibles de ser anuladas a través del ejercicio de la acción de anulación. Vid. respecto al laudo por acuerdo de las partes, BARONA VILAR, S., "Comentarios a la Ley de Arbitraje (Ley 60/2003, de 23 de diciembre). Artículo 36", (Coord. Barona Vilar, S.), op. cit., 2004, pág.1165.

168 El carácter de irrevocabilidad de las resoluciones arbitrales es uno de los atributos, de hecho, el fundamental, de la calidad de cosa juzgada. La firmeza dota al laudo del efecto de cosa juzgada. Se desliga pues de su propia causa para pasar a ser, en autoridad cosa juzgada; en definitiva, es la determinación irrevocable del derecho al caso concreto.

169 Cuestión pacífica en la doctrina es ésta de atribuir carácter vinculante y ejecutivo al laudo. Ya se recogía en la LA/1988 y significa, de acuerdo con lo establecido en el art. 11, que "obliga a las partes a estar y pasar por lo estipulado e impedirá a los tribunales conocer de las cuestiones litigiosas sometidas a arbitraje en el convenio, siempre que la parte a quien interese lo invoque mediante declinatoria".

Así, congruentemente, el art. 17 del RDAC/1993, contempla que "el laudo arbitral tendrá carácter vinculante y producirá efectos idénticos a la cosa juzgada".

OROZCO PARDO y PÉREZ-SERRABONA GONZÁLEZ[170] distinguen, entendemos que con buen criterio, entre:

- *laudo conciliatorio*: acuerdo al que han llegado las partes; puesto que no sería eficaz que llegaran a un acuerdo las partes delante del árbitro, y este sólo se limitara a ratificar lo acordado sin "filtrar" dicho acuerdo para evitar vicios del consentimiento. Se podría estar transigiendo sobre derechos no disponibles o, incluso, se estaría perjudicando o engañando al consumidor. El árbitro hará de tamiz de ese acuerdo.
- *laudo dirimente*: decisión de los árbitros que han resuelto el conflicto; es decir, la terminación de las actuaciones arbitrales con un pronunciamiento de fondo sobre la cuestión litigiosa, independientemente del sentido estimatorio o desestimatorio de la pretensión.

Aunque en el ámbito del arbitraje de consumo son ejecutados voluntariamente casi el 95% de los laudos, hemos de decir que, caso que sea necesario ejecutarlo, obviamente se puede acudir a la autoridad judicial para ello; así, el art. 48,1 RDAC, remite en bloque al articulado de la LA/2003 (eso sí, incidiendo en la necesidad de *motivación del laudo*[171], lo cual ya se recogía de manera novedosa en la LA/2003, y es un tema que nos parece harto positivo y que hemos de aplaudir, no solo

---

[170] OROZCO PARDO/PÉREZ-SERRABONA GONZÁLEZ, "El arbitraje de consumo", "Estudios sobre el arbitraje: Los temas claves" (Coord. González Montes J. L.), op. cit., 2008, págs. 479 y ss.

[171] Respecto al laudo arbitral vid BARONA VILAR, S., "Comentarios a la Ley de Arbitraje (Ley 60/2003, de 23 de diciembre). Artículo 30", (Coord. Barona Vilar, S.), op. cit., 2004, pág. 159 y ss.

La citada autora ya estimaba que "la motivación no solo debería realizarse cuando se decida con sujeción a derecho, sino también cuando se decida en equidad, por cuanto en una sociedad racional y civilizada las decisiones se deben justificar para saber que la solución dada al caso no es fruto de la arbitrariedad, sino de la lógica y la razón. La motivación ha de ser la conclusión de una argumentación ajustada al tema o temas en litigio".

Parece que el legislador de consumo se ha hecho eco de las opiniones doctrinales, recogiendo esa necesidad de motivación del laudo de equidad en arbitraje de consumo, puesto que en el laudo de derecho ya existía.

porque, al no motivarse, entendemos que podría suponer una vulneración del art. 24,1 CE –Derecho a la tutela judicial efectiva–, sino también por los condicionantes de congruencia que conlleva).

Al hilo de este tema de la congruencia[172], la regulación de la LA/2003 en esta materia deja mucho que desear, por cuanto está ignorándose la necesidad de proclamar y exigir la congruencia como requisito del laudo". Aunque tanto la regulación de la LA/1988 como la de LA/2003 tangencialmente lo han exigido, desde el momento en que una de las causas de la acción de anulación (antiguamente recurso de anulación) ha sido, el que los árbitros hayan resuelto sobre puntos no sometidos a su decisión, se está haciendo solo un especial hincapié en la llamada *incongruencia extrapetita* (como modificación especialmente positiva de la L 11/2011, debemos destacar la inclusión en el art 39,1,d) LA/2003 tras su reforma, de la rectificación de la extralimitación parcial del laudo, cuando se haya resuelto sobre cuestiones no sometidas o no susceptibles de arbitraje. Se trata de una reforma y solución absolutamente necesarias y adecuadas para resolver previa y eficazmente situaciones de *incongruencia extrapetita* que, en otro caso, podrían además haber sido consideradas o interpretadas como motivos de nulidad del laudo).

Ya desde 1984 la jurisprudencia se hizo eco de esta necesidad. Así encontramos STS de 9 de octubre de 1984 en la que recuerda que "(...) Así como el órgano jurisdiccional de derecho público no puede resolver más cuestiones que aquellas que los litigantes le someten a su decisión, incurriendo en incongruencia si resuelve otras distintas (...), así también el órgano de arbitraje privado que se propase al resolver puntos que no fueron sometidos a su decisión incurre en exceso de jurisdicción".

---

172 Respecto de este tema, MOLINA CABALLERO, M. J., "Terminación de las actuaciones arbitrales", (Coord. González Montes, J. L.) "Estudios sobre arbitraje: Los temas claves", op. cit., Madrid, 2008, págs. 133 y ss. Cfr. BARONA VILAR, S., "Comentario a la Ley de Arbitraje", en IVADP, San Sebastián, 1989, pág. 171.

El problema está, creemos, en determinar las pretensiones oportunamente deducidas, para compararlas con el fallo del laudo; el momento oportuno de fijar las pretensiones es el propio proceso.

La jurisprudencia y la doctrina han elaborado un concepto de congruencia en el arbitraje estableciendo como parámetros de comparación el laudo y el compromiso arbitral[173]. De hecho, lo que más nos sorprende (tanto de las manifestaciones del Tribunal Supremo como de las doctrinales), es que se fija el momento del compromiso para establecer la delimitación de las pretensiones, cuando ya desde la propia LAP/1953 se establecía expresamente en su art. 27.1: "Los árbitros señalarán a las partes un plazo que no podrá exceder de la cuarta parte del fijado en la escritura para formular por escrito sus pretensiones".

Habría que partir de la base de que hoy ello no es posible, dado que existe la posibilidad de que el convenio manifieste una delimitación genérica de la relación jurídica de la que pueda nacer la cuestión litigiosa, al darse la posibilidad de convenio de futuro; no queda delimitada controversia alguna, con lo que mantener las afirmaciones establecidas reduciría al absurdo el propio proceso arbitral.

Y es que, partiendo de una visión global del arbitraje y en orden a dar una interpretación acorde tanto con la vigencia del principio dispositivo en el arbitraje como en función del principio de contradicción, no cabe duda de que el momento en que han de entenderse deducidas oportunamente las pretensiones no es otro que el de las alegaciones.

La incongruencia, como venimos manteniendo, solo puede venir dada por la comparación entre pretensión y fallo (y la pretensión no podemos decir que se ejercite en el convenio). El mantenimiento de lo contrario conlleva, lógicamente, que el laudo pueda válidamente contener cuestiones que aun contenidas en el convenio no hayan sido debati-

[173] Vid. SERRA DOMINGUEZ, "El proceso arbitral" en Estudios de Derecho Procesal, Barcelona, 1969, pág. 596; y SSTS de 19 de diciembre de 1972 (R.A. 4.998), 28 de marzo de 1970 (R.A. 1.586), 2 de Febrero de 1971 (R.A. 525), 5 de febrero de 1972 (R.A. 470), 25 de octubre de 1982 (R.A. 5.573), 15 de diciembre de 1987 (R.A. 9.507), 17 de marzo de 1988 (R.A. 2.212) y 28 de Octubre de 1988 (R.A. 7.748) entre otras.

das ni alegadas en el proceso, negándose la incongruencia del laudo en virtud de que eran cuestiones sometidas.

En otro orden de cuestiones, comentemos que si durante las actuaciones arbitrales las partes llegan a un acuerdo que ponga fin, total o parcialmente al conflicto, el órgano arbitral dará por terminadas las actuaciones con respecto a los puntos acordados, incorporando el acuerdo adoptado al laudo[174], salvo –dice el art. 48,2 RDAC– que aprecie motivos para oponerse (...). Este es el denominado anteriormente *laudo conciliatorio* y creemos que, independientemente de la incorporación del acuerdo de mediación o transaccional al laudo, dicho acuerdo debe estar revisado por el árbitro, de modo y manera que suponga un "filtro" de comprobación del acuerdo, a los efectos de evitar vicios del consentimiento o de que se llegue a un acuerdo entre las partes sobre derechos no renunciables.

También consideramos necesario hacer una distinción entre laudo parcial y laudo definitivo, que obedece al momento procesal en que se adopten. Así consideramos que:

- *Laudo parcial* sería aquel que, resolviendo una parte de la cuestión, no pone fin al proceso (una excepción, una medida cautelar o un acuerdo de mediación parcial –vistos anteriormente–). En este sentido, el art. 37 LA/2003 recoge que los árbitros decidirán la controversia en un solo laudo o en tantos laudos parciales como estimen necesarios.
- *Laudo definitivo*[175], en cambio, sería aquel que pone fin al proceso. Aquí también debemos distinguir:

---

[174] A modo de laudo parcial del art. 37,1 LA/2003. Ello supuso una novedad en el proceso arbitral. En su Exposición de Motivos ya se explica que tiene este laudo parcial "el mismo valor que el laudo definitivo y, respecto a la cuestión que resuelve, su contenido es invariable".

[175] Tras la reforma se elimina la confusa dicotomía previa existente en el texto de la LA/2003 entre laudo "definitivo" (del art. 40) y laudo "firme" (del art. 43), estableciéndose con mayor claridad que el laudo produce (siempre y sin necesidad de que sea "firme") los efectos de cosa juzgada aunque se ejerciten contra él las acciones de anulación, o en su caso, de revisión previstas por la Ley.

— *Laudo de fondo*. Bien por ser el único que resuelve estas cuestiones, bien por ser la consecución de una serie de laudos parciales, culminado de esta manera, el enjuiciamiento sobre el fondo[176].

— *Laudo de no fondo*. Respecto a estos, el RDAC/2008 ha venido a introducir otro tipo de laudo[177], cual es el laudo que no entra en el fondo del conflicto –y que, haciendo un paralelismo con el proceso jurisdiccional, podríamos denominarlo *laudo de absolución en la instancia o de contenido meramente procedimental, de no fondo, e incluso, "no resolutivos" (tasados)* [178]–.

Se optó por la supresión del art. 43 LA/2003 del adjetivo "firme" (artículo que rezaba: "el laudo firme produce efectos de cosa juzgada"), pese a la oposición de una muy influyente parte de la doctrina, eliminándose y resolviéndose así, entendemos que de forma clara, adecuada y eficaz, la polémica y disquisiciones sobre las diferencias entre el laudo definitivo y el laudo firme y sus distintas naturalezas, características y consecuencias; e incluso entre la firmeza y ejecutabilidad de un laudo, solventándose de este modo, las siempre indeseables consecuencias de tal ambigüedad.

176 En el mismo sentido, MOLINA CABALLERO, "Terminación de las actuaciones arbitrales", en "Estudios sobre arbitraje: Los temas claves", (Coord. González Montes, J. L.), op. cit., Madrid, 2008, pág. 139 y ss.

177 Lo cual no es totalmente novedoso en toda la regulación arbitral, puesto que ya se recogía en la LA/2003, si bien es cierto que no en el RDAC/1993.

178 Tema interesante el introducido por el RDAC, ya que al encontrarnos con un laudo de no fondo, conllevaría, por ser laudo, que tiene efecto de cosa juzgada. Pero al ser de no fondo, este efecto, entendemos, que sería solamente en el sentido formal (irrecurribilidad del laudo) de la cosa juzgada, no en su sentido material (vinculación y *non bis in idem*). Lo cual dejaría la puerta abierta, presuntamente, a la interposición de un nuevo arbitraje, esta vez, bien formulado. Ello, no obstante, sabiendo que el laudo se recurre sólo por motivos formales, no de fondo como comprobaremos posteriormente. Pero, en cualquier caso, reiteramos nuestro interés en preguntarnos si no sería posible volver a plantear otra vez el arbitraje, sin los motivos que dieron lugar al laudo de no fondo (por ejemplo, concretando el reclamante la pretensión). A la luz del art.48,3 *in fine* RDAC/2008, en este laudo de no fondo, se hará constar si queda expedita la vía judicial. Parece que el sentir del legislador en este tema es el de dejar a la opción del árbitro de consumo la posibilidad, o no, de acudir a la vía judicial, con lo que se le estarían otorgando facultades para decidir sobre la cosa juzgada material, lo cual nos provoca un cierto de recelo por las consecuencia que apareja.

Efectivamente, el art. 48,3 RDAC establece de forma exclusiva las causas por las que el órgano arbitral podrá dictar un laudo sin entrar en el fondo:

a) Si el demandante no concreta su pretensión o no aporta los elementos indispensables para que se pueda conocer del conflicto[179].

b) Si las partes acuerdan dar por terminadas las actuaciones, puesto que son los directores del proceso arbitral (principio de libertad de las partes).

c) Cuando el órgano arbitral compruebe que la prosecución de las actuaciones resulta imposible.

Estas dos últimas coinciden con las previstas en el art. 38,2 b) y c) LA/2003 que, como hemos visto, provocarán la terminación de las actuaciones arbitrales. Varía el primer apartado de ambos y, si bien en el RDAC/2008 no se recoge el *desistimiento*[180], no vemos inconveniente

---

179 En este supuesto entendemos que, más que dictar un laudo que no entra en el fondo del asunto, procedería dictar –y en la práctica de los Colegios arbitrales es lo que suele hacerse– un laudo desestimatorio de las pretensiones del consumidor reclamante.

180 Nos llama la atención que en la LA/2003 el legislador no resolviera un punto que nos parece esencial en lo que al desistimiento se refiere, cual es el momento procesal oportuno para plantearlo. También guarda silencio la LA/2003 acerca de la posibilidad de un desistimiento tácito, es decir, la eficacia que pudiera darse a una manifestación de voluntad por parte del actor que demuestre su intención de no querer seguir adelante con el procedimiento (como tampoco lo hace la L 11/2011).

A este respecto, para BARONA VILAR, dicha posibilidad encontraría su asiento en la redacción del art. 31,a) LA/2003, cuando dispone que "los árbitros darán por terminadas las actuaciones si el demandante no presentare en plazo la demanda, a menos que, oído el demandado, este manifieste su voluntad de ejercitar alguna pretensión". Vid. en este tema BARONA VILAR, S., "Comentarios a la Ley de Arbitraje (Ley 60/2003, de 23 de diciembre). Artículo 38", (Coord. Barona Vilar, S.), op. cit., 2004, págs. 1273 y ss.

Con esta afirmación se cierra la posibilidad existente en la LA/1988 de que los árbitros sean los que decidan lo que sea objeto del proceso pues, en la anterior regulación, ello venía siendo posible a tenor de lo preceptuado en el art. 22.2 (la inactividad de las partes no impedirá que se dicte el laudo ni le privará de eficacia) de la LA/1988 y lo establecido en la propia Exposición de Motivos, según la cual "(…) Se encomienda a los

alguno en su aplicación supletoria en el arbitraje de consumo en los términos que se recogen en la LA/2003.

En cuanto al *plazo para dictar laudo*, tanto la LA/2003[181] como el RDAC/2008, establecen un plazo de 6 meses prorrogable en 2 meses más –solo por decisión motivada de los árbitros–. En el caso de nuestro arbitraje de consumo se comenzará a computar el plazo desde el día siguiente al inicio del procedimiento arbitral, el cual requiere acuerdo expreso –art. 37,b) III RDAC– (si bien insistimos que, según la reforma operada por la L 11/2011, la extemporaneidad del laudo no afecta a la

---

árbitros, en defecto de acuerdo de las partes, la delimitación de la controversia sometida a arbitraje". Vid al respecto MOLINA CABALLERO, M. J. "La congruencia en los laudos arbitrales", Málaga, 2002, pág.110.

[181] Se mantienen, tras la reforma operada por la L 11/2011 (art. 37,2 LA/2003), los mismos plazos previstos para dictar el laudo: dentro de los seis meses siguientes a la fecha de la presentación de la contestación o de la fecha de la expiración del plazo para contestar. Se mantiene también la posible prórroga de ese plazo por dos meses más, salvo acuerdo en contrario, mediante decisión motivada de los árbitros.

Hay que destacar, sin embargo, y como especialmente relevante, la modificación y supresión de los dos últimos párrafos del anterior art. 37,2 LA/2003, que se sustituyen por el párrafo final del actual texto y en el que se dispone expresamente: "(...) que la expiración del plazo sin que se haya dictado laudo, salvo acuerdo en contrario, no afectará a la eficacia del convenido arbitral ni a la validez del laudo, sin perjuicio de la responsabilidad en que hayan podido incurrir los árbitros como consecuencia de ello".

Esta modificación nos parece clarificadora y positiva en la medida que resuelve, también de forma sencilla y definitiva, la polémica y las potenciales situaciones de conflicto derivadas de la interpretación y posible consideración, como motivo de anulación, de la extemporaneidad de los laudos.

Se corrige así, y a nuestro juicio correctamente, lo dispuesto al respecto en la anterior redacción de la LA/2003, que resultaba ciertamente insuficiente, confusa y especialmente desafortunada: el transcurso del plazo determinaba automáticamente la terminación de las actuaciones y el cese de los árbitros, aunque no afectaba a la validez del convenio arbitral.

Vid. sobre este tema, SIGÜENZA LÓPEZ, J., "La naturaleza de la acción de anulación de laudos arbitrales y su repercusión en materia de costas; la debida imparcialidad de los árbitros; y la posibilidad de que los laudos se subsanen y complementen de oficio", en Arbitraje. Revista de arbitraje comercial y de inversiones, vol. III, 2010, pág. 208 a 215.

eficacia del mismo ni a la validez del convenio arbitral, no siendo ya motivo de anulación).

En algunos casos, el plazo puede quedar suspendido –no más de un mes–, además de por las causas previstas en el art. 22 RDAC/2008, –en los supuestos de abstención/recusación de árbitros–, para el intento de mediación previa –prevista en el art. 38 RDAC/2008–.

En caso de que hubiera acuerdo de las partes que abarcase todos los aspectos del conflicto, el plazo para dictar laudo será de 15 días desde la adopción del acuerdo –art. 49,2 RDAC–.

Deberá decidirse por mayoría de votos, dirimiendo los empates el voto del Presidente[182] (a modo de ejemplo, comentemos que, de los laudos dictados en la Comunidad Andaluza en el año 2010 –concretamente

---

[182] En la LA/2003, el art 35 se dedica a la adopción de decisiones colegiadas, es decir, al régimen de formación de la voluntad del órgano arbitral cuando este sea colegiado.

La formación de dicha voluntad se deja en principio a la voluntad de las partes, así lo precisa la norma al establecer que "(...) Cuando haya más de un árbitro toda decisión se adoptará por mayoría salvo que las partes hubiesen dispuesto otra cosa". Esta forma de adopción de las decisiones, hay que resaltar, se trata de una novedad introducida por la LA/2003; novedad que, por otra parte, ha sido duramente criticada al considerar que se trata de un exceso de atribución a las partes. Dicha crítica se basa en la falta de operatividad que la propia institución puede llegar a sufrir en aras a ese juego de la autonomía de la voluntad. (BARONA VILAR, S., "Comentarios a la Ley de Arbitraje (Ley 60/2003, de 23 de diciembre). Artículo 35", (Coord. Barona Vilar, S.), op. cit., 2004, págs. 1145 y ss.)

Sin embargo, creemos que se puede llegar incluso a considerar que aplicar otra regla que no sea la de la mayoría podría conculcar gravemente principios esenciales del arbitraje, como puede ser el de igualdad. No sería lógico colocar a un Colegio arbitral en la incómoda situación de tener que decidir siempre por unanimidad o, por el contrario, otorgar un protagonismo decisorio sólo a una parte del Colegio arbitral –como ocurre en el arbitraje de consumo, con el voto dirimente–. El funcionamiento de los órganos colegiados por lógica para alcanzar una solución "colegiada" impone aplicar la regla de la mayoría.

Como decimos, encontramos una regulación radicalmente contraria en el RDAC, donde su art. 47, en sede de adopción de decisiones colegiadas, recoge que caso de no llegar a adoptar el acuerdo por mayoría, tendrá lo que denominamos "voto de calidad o dirimente" el Presidente del Tribunal Arbitral.

en la Junta Municipal de Granada–, más del 80% lo fueron por unanimidad[183]).

Importante, porque abarata y agiliza el trámite, nos parece la *no protocolización*[184] del laudo dictado en el arbitraje de consumo. Ciertamente, se suprime el carácter preceptivo de la protocolización notarial del laudo, porque, como ya dejara sentado la propia Exposición de Motivos de la LA/2003, esta es una exigencia desconocida en prácticamente todas las legislaciones de arbitraje, por lo que se opta por no mantenerla, salvo que alguna de las partes lo pida antes de que el laudo se notifique por considerarlo conveniente a sus intereses. El laudo es, por tanto, válido y eficaz aunque no haya sido protocolizado, de modo que el plazo para ejercitar la acción de anulación transcurre desde su notificación. Ni tampoco la fuerza ejecutiva del laudo se hace depender de su

---

Tengamos en cuenta, además, que esta solución no sólo ha de aplicarse a la decisión final del proceso arbitral –al laudo–, sino que cabe su aplicación a "todas las decisiones" que puedan adoptarse a lo largo de aquel: la adopción de las decisiones sobre cuestiones de ordenación, tramitación e impulso del procedimiento. Para estos casos la LA/2003 establece, salvo acuerdo de las partes, la posibilidad de que sea el Presidente por sí sólo, sin contar con el resto del Colegio arbitral, capaz de adoptar la decisión sobre dichas cuestiones –art. 35,2 LA.

[183] En el 100% de los asuntos, se dictó laudo antes de dos meses y solo uno de ellos tuvo necesidad de voto dirimente.

Vid. *infra* VII.- Estudio comparativo del arbitraje de consumo. Cuadros estadísticos.

A modo anecdótico, comentemos también que hace unos meses aparecieron unas encuestas sobre arbitraje en Estados Unidos. La primera la realizó el *Wall Street Journal*, dirigida a los ciudadanos y operadores mercantiles, manifestando un 82% su preferencia para resolver sus controversias mediante arbitraje. La segunda, de la *American Bar Asociation*, dirigida estrictamente a los abogados estadounidenses, arrojó como resultado que el 78% de estos profesionales preferían optar por el arbitraje para dirimir los conflictos que afectan a sus clientes. La situación del arbitraje en España dista mucho de esos porcentajes; es más, entre los países occidentales, a 31 de diciembre de 2010, pendían 3.274.732 causas judiciales, como viene señalando el Informe anual del CGPJ.

[184] El art. 37,8 LA/2003 "faculta", que no obliga, a la protocolización del laudo. A *sensu contrario*, esta formulación supone la derogación de la exigencia de dicha protocolización. De ahí, que desaparezca un motivo de oposición a la ejecución del laudo como era la posibilidad de comprometer la validez del título ejecutivo –laudo– por las posibles irregularidades que pudiera padecer en la protocolización del mismo.

protocolización, si bien, en el proceso de ejecución, llegado el caso, el ejecutado podrá hacer valer, por vía de oposición, la falta de autenticidad del laudo, supuesto este que puede presumirse excepcional.

El laudo deberá dictarse por escrito. De hecho, en el art. 37,3 LA/2003[185] se recoge que "todo laudo deberá constar por escrito y ser firmado por los árbitros, quienes podrán expresar su parecer discrepante (...)".

Por lo que se refiere al régimen de aclaración, impugnación y ejecución del laudo, habrá de estarse a la regulación genérica de la LA/2003 y, en su caso, como hemos apuntado, a la LEC. La Exposición de Motivos de la LA/2003 recoge, en este sentido que, en la regulación de la corrección y aclaración del laudo se modifican los plazos[186] para

---

[185] Resulta acertado en nuestra opinión que, a pesar de la polémica y propuestas contrarias a su inclusión, se haya mantenido la posibilidad de dejar constancia en el laudo el voto particular favorable o discrepante, en la nueva redacción del art. 37,3 LA/2003 (según redacción de la L 11/2011). En su antigua redacción, dicho precepto legal establecía claramente que los árbitros podían expresar su parecer discrepante ante un laudo con el que no estaban de acuerdo. El nuevo texto únicamente permite, como decimos, a los árbitros dejar constancia de su voto a favor o en contra. Ello introduce dudas al respecto de si el legislador con esta modificación ha suprimido el voto particular, o si por el contrario únicamente ha querido modificar su expresión legal.

Se mantienen los requisitos de forma escrita del laudo, previéndose, como no podría ser de otra manera, el soporte electrónico o digital del mismo y el de su firma, siendo suficientes la del Presidente o la de parte de los árbitros, siempre y cuando se motive, en su caso, la falta de firma de algún árbitro.

Se mantiene, así mismo, la exigencia de motivación del laudo, con excepción de los "laudos por acuerdo de las partes", regulados en el art. 36 LA/2003. Hay que destacar que la reforma suprime la posibilidad, recogida en la anterior redacción, del acuerdo de las partes para que el laudo no contenga dicha motivación.

[186] Art. 39 LA/2003: Corrección, aclaración y complemento del laudo.

"1. Dentro de los diez días siguientes a la notificación del laudo, salvo que las partes hayan acordado otro plazo, cualquiera de ellas podrá, con notificación a la otra, solicitar a los árbitros:

a.- La corrección de cualquier error de cálculo, de copia, tipográfico o de naturaleza similar.

b.- La aclaración de un punto o de una parte concreta del laudo.

c.- El complemento del laudo respecto de peticiones formuladas y no resueltas en él.

hacerlos más adecuados a la realidad, y se distingue en función de que el arbitraje sea interno o internacional[187], dado que en este último caso bien puede suceder que las dificultades de deliberación de los árbitros en un mismo lugar sean mayores. Se introduce además la figura del complemento del laudo para suplir omisiones.

El laudo produce efecto de cosa juzgada –art. 43 LA/2003– y constituye, como hemos visto, título ejecutivo –art. 44 LA/2003 y 517.1.2º LEC–. Contra el mismo solo cabrá solicitar la revisión con arreglo a lo establecido en la Ley de Enjuiciamiento Civil para las sentencias firmes (art. 43 LA/2003). Vemos cómo la litispendencia del procedimiento arbitral da paso a la cosa juzgada[188], aplicando las Audiencias Provinciales –hasta el 10 de junio de 2011– a la cosa juzgada material del laudo la doctrina elaborada por el TS respecto de las sentencias civiles. Así la Sentencia AP de Barcelona de 11 de marzo de 2004 (R. 843/2002) señala, como una definición que viene apoyada en abundantes Sentencias del TS sobre aspectos relativos a la misma, que: "(...) la cosa juzgada material es el estado jurídico de la cuestión sobre la que ha recaído la sentencia firme, que tiene la eficacia de vincular al órgano jurisdiccio-

---

d.- La rectificación de la extralimitación parcial del laudo, cuando se haya resuelto sobre cuestiones no sometidas a su decisión o sobre cuestiones no susceptibles de arbitraje.

2. Previa audiencia de las demás partes, los árbitros resolverán sobre las solicitudes de corrección de errores y de aclaración en el plazo de diez días, y sobre la solicitud de complemento y la rectificación de la extralimitación, en el plazo de veinte días.

3. Dentro de los 10 días siguientes a la fecha del laudo, los árbitros podrán proceder de oficio a la corrección de errores a que se refiere el párrafo a) del apartado 1.

4. Lo dispuesto en el art. 37 se aplicará a las resoluciones arbitrales sobre corrección, aclaración, complemento y extralimitación del laudo (...)".

Recordemos, en este apartado, la posibilidad recogida por el nuevo art. 39, 2 y 4 LA/2003, en el sentido de la extralimitación parcial del laudo, incongruencia *extrapetita*. Vid. *infra* nota a pie nº 209.

[187] Art. 39,5 LA/2003: "Cuando el arbitraje sea internacional, los plazos de 10 y 20 días establecidos en los apartados anteriores serán plazos de uno y dos meses, respectivamente".

[188] Sentencia AP de Murcia (sección 1ª) de 25 de septiembre de 2002 (R. 281/2001), declara que, dictada la sentencia desestimatoria de la pretensión de anulación, la inicial litispendencia se convertía en cosa juzgada.

nal en otro proceso. Esta eficacia es negativa o excluyente, cuando se repite la misma cuestión y, en otro proceso, no se entra en el fondo por acogerse la excepción. Y la eficacia es positiva o prejudicial cuando dicha cuestión no es el objeto único del otro proceso, sino que forma parte de este, en cuyo caso la sentencia que recaiga deberá tener como punto de partida, y en ningún caso contradecir, lo resuelto por la sentencia anterior".

Por último, en relación a la ejecución del laudo, como ha puesto de manifiesto ARTACHO MARTÍN-LAGOS[189], "ya no se condicionan los efectos ejecutivos a su firmeza, puesto que la LEC –art. 517,2,2º– ha suprimido la exigencia de que el laudo sea firme, y la LA/2003 permite la ejecución del laudo impugnado en anulación –art. 45 LA/2003–, se considere o no ejecución provisional[190]. No obstante, sí es importante la determinación del momento en que adquiere firmeza el laudo para averiguar si se ha producido caducidad de la acción ejecutiva fundada en resolución arbitral firme, que tendrá lugar transcurrido el plazo de cinco años computados a partir de ese momento".

No obstante, recordemos que al desaparecer el calificativo de "firme" del art. 43 LA/2003, desaparece la polémica y disquisiciones sobre las diferencias entre el laudo definitivo y el laudo firme y sus distintas naturalezas, características y consecuencias, e incluso entre la firmeza y ejecutabilidad de un laudo o la caducidad de la acción ejecutiva.

---

[189] ARTACHO MARTÍN-LAGOS, M., "La controvertida firmeza del laudo", en "Estudios sobre el arbitraje: Los temas claves" (Coord. González Montes J. L.), op. cit., pág. 221.

[190] Auto de la AP de Madrid (sección 1ª) de 7 de octubre de 2005 (R. 376/2005), en el que se sostiene que "La ya vigente Ley de Arbitraje, Ley 60/2003, de 23 de diciembre, en cuanto a la ejecución del laudo arbitral en su art. 44 remite íntegramente a la Ley de Enjuiciamiento Civil, regulando solo, art 45, la suspensión, sobreseimiento y reanudación de la ejecución en caso de ejercicio de la acción de anulación del laudo, permitiendo la ejecución, aun cuando contra él se haya ejercitado la acción de anulación y aun cuando esta se haya fundado en que el convenio arbitral no existe o no es válido; desde lo precedente que no solo sean válidas las consideraciones anteriores también en relación con los laudos dictados al amparo de la vigente Ley de Arbitraje, siendo de destacar a mayor abundamiento que este permite ejecución provisional del laudo aunque haya sido esgrimida como causa de anulación la nulidad del convenio arbitral (...)".

D.3.1. Anulación y revisión del laudo

Como paso previo al estudio de este medio de impugnación del laudo arbitral, debemos poner de manifiesto los motivos que han llevado al legislador a mantener, aunque ahora modificado, la posibilidad de impugnar el laudo arbitral[191].

Dos de esos mecanismos, como es sabido, se encuentran ahora regulados en los arts. 40 a 43 de la LA/2003:

- Por un lado, la presente acción de anulación del laudo que sustituye al anterior recurso de anulación (art. 40 a 42 LA/2003).
- Por otro lado, el recurso de revisión del laudo (art. 43 LA/2003) que mantiene sustancialmente las prescripciones que ya recogía la LA/1998 y que remite a los preceptos de la LEC reguladores de este medio de impugnación de sentencias firmes –por lo que ahora nos interesa, también laudos– (arts. 509-516 LEC).

Cierto es que en el arbitraje, existe la tendencia a limitar todo tipo de intervención jurisdiccional en la medida de lo posible y deseable (principio de intervención mínima). Sin embargo, existen razones fundadas para mantener ciertos mecanismos de control judicial del arbitraje como consecuencia de los importantes efectos –jurisdiccionales, eso sí– que presenta el mismo.

En nuestra tradición jurídica arbitral se ha ido produciendo un paulatino cambio respecto a la intervención directa o no de los tribunales judiciales en el control de la legalidad del laudo arbitral. Si bien la LAP/1953 acercaba los procesos arbitral y jurisdiccional estableciendo como posible impugnación un recurso de casación y, por tanto, un control judicial en toda su extensión; las posteriores leyes de arbitraje (1988/2003) han virado hacia una desconexión entre ambos proce-

---

[191] Vid. SIGÜENZA LÓPEZ, J., "La acción de anulación de los laudos arbitrales: algunas reflexiones sobre el proceso de impugnación y alguno de sus motivos (Comentario a la sentencia de la Audiencia Provincial de Madrid nº 338/2007, de 25 de junio de 2007)", en Arbitraje. Revista de arbitraje comercial y de inversiones, vol. II, 2009.

sos produciendo –en palabras de TAPIA FERNÁNDEZ[192]– "un desligamiento definitivo entre el proceso arbitral y el jurisdiccional, de tal modo que el primero no es susceptible de entroncar con el segundo por medio de los recursos previstos para la impugnación de sentencias jurisdiccionales".

Entre las principales novedades que presenta esta acción de anulación respecto de la legislación anterior son:

- En primer lugar, la posibilidad de que el órgano jurisdiccional de oficio pueda apreciar alguno de los motivos de la acción de anulación que recoge el art. 41,1 LA/2003 [en concreto, los de las letras b), e) y f)], con independencia de que la parte los haya ejercitado o no.
- En segundo lugar, se modifica el tratamiento procesal de esta acción haciéndose una remisión al juicio verbal civil aunque con demanda y contestación escritas.
- Por último, destaquemos la variación sustancial que se ha operado respecto al plazo para su interposición.

Se inicia un proceso de impugnación de la validez del laudo, para lo que se señalan los *motivos tasados* que pueden conducir a tal anulación[193]:

1. Que el convenio arbitral no exista o no resulte válido.
2. Que no haya sido debidamente notificada la designación del árbitro o de las actuaciones arbítrales; o no se haya podido, por cualquier otra razón, hacer valer sus derechos.

---

[192] TAPIA FERNÁNDEZ, I., "Arbitraje e intervención judicial" en AA.VV., Problemas actuales del Proceso Iberoamericano (XX Jornadas Iberoamericanas de Derecho Procesal), Tomo I, Málaga, 2006, pág. 259.

[193] Como decimos, los motivos contenidos en los números 2), 5) y 6), podrán ser apreciados por el Tribunal que conozca de la acción de anulación de oficio o a instancia del Ministerio Fiscal en relación con los intereses cuya defensa le está legalmente atribuida.

En los casos previstos en los párrafos 3) y 4), la anulación afectará solo a los pronunciamientos del laudo sobre cuestiones no sometidas a decisión de los árbitros o no susceptibles de arbitraje, siempre que puedan separarse de las demás.

3. Que la designación de los árbitros o el procedimiento arbitral no se hayan ajustado al acuerdo entre las partes, salvo que dicho acuerdo fuera contrario a una norma imperativa de la Ley de Arbitraje o, a falta de dicho acuerdo, que no se hubieran ajustado a esta ley.
4. Que el laudo resulte contrario al orden público[194].

El ejercicio de la acción de anulación se somete a un plazo de dos meses a partir de su notificación, o desde la notificación de la resolución sobre la solicitud de corrección, aclaración o complemento del laudo, como recoge el art. 41.4 LA/2003.

La *sustanciación* se realiza por los trámites del juicio verbal con las especificidades[195] que se contienen en el art. 42 LA/2003: redac-

---

[194] En este tema, en materia de consumo, la norma prohibitiva con su efecto de nulidad está dirigida, a fin de controlar su incumplimiento, tanto al consumidor como al Juez porque la nulidad como efecto sancionatorio es *irrenunciable*. Así las cosas, se trata de una excepción a la regla general, pues el Tribunal de Justicia de la Unión Europea ha venido a introducir, mientras no se modifique la LA/2003 o la LEC, un nuevo supuesto dentro del concepto jurídico indeterminado del "orden público". España, con la aprobación de la LA/2003, abrazó sin dificultad alguna la Ley Modelo CNUDMI/UNCITRAL, favoreciendo en gran medida a las grandes empresas. Ahora el TJUE nos obliga a efectuar algunas matizaciones en nuestra normativa.

[195] Art. 42,1 LA/2003: La acción de anulación se sustanciará por los cauces del juicio verbal, sin perjuicio de las siguientes especialidades:

a. La demanda deberá presentarse conforme a lo establecido en el artículo 399 de la Ley 1/2000, de 7 de enero, de Enjuiciamiento Civil, acompañada de los documentos justificativos de su pretensión, del convenio arbitral y del laudo y, en su caso, contendrá la proposición de los medios de prueba cuya práctica interese el actor.

b. El Secretario Judicial dará traslado de la demanda al demandado, para que conteste en el plazo de veinte días. En la contestación, acompañada de los documentos justificativos de su oposición, deberá proponer todos los medios de prueba de que intente valerse. De este escrito, y de los documentos que lo acompañan, se dará traslado al actor para que pueda presentar documentos adicionales o proponer la práctica de prueba.

c. Contestada la demanda o transcurrido el correspondiente plazo, el Secretario Judicial citará a la vista, si así lo solicitan las partes en sus escritos de demanda y con-

ción de la demanda a tenor del art. 399 LEC (juicio ordinario), acompañada de los documentos justificativos del convenio arbitral y del laudo, y en su caso, de la proposición de los medios de prueba; traslado de la demanda en veinte días; contestación en la que también constarán en su caso los medios de prueba del demandado; citación a las partes para la vista... En cualquier caso, frente a la sentencia que se dicte en el recurso de anulación no cabrá recurso alguno –art. 42,2 LA/2003–.

Resumamos que, de la nueva redacción de este artículo realizada por la L 11/2011, se concluye que se mantiene prácticamente idéntico el procedimiento previsto en él, con respecto a la sustanciación de la acción de anulación del laudo. Como únicas novedades y modificaciones hay que mencionar la inclusión, como fase o trámite adicional en este procedimiento, del traslado al actor de la contestación y documentos justificativos de la oposición para que pueda presentar documentos adicionales o proponer la práctica de prueba (nueva redacción del art 42,1,b); y la supresión de trámite de vista cuando su celebración no se haya solicitado expresamente por las partes, o cuando la única prueba a valorar sean los documentos aportados y no impugnados (nueva redacción del art. 42,1,c).

Pero reflexionemos en este momento de la siguiente particularidad: el laudo solo puede ser *anulado por motivos de forma, nunca de fondo*, entre otras razones porque no tenemos una estructura jerárquica que permita un sistema de impugnaciones. Este medio de impugnación no debe ser considerado en ningún caso ni como una segunda instancia, ni como un recurso ordinario –ni extraordinario–. Y ello es algo que ha venido manifestando tanto la jurisprudencia[196] como la

testación. Si en sus escritos no hubieren solicitado la celebración de vista, o cuando la única prueba propuesta sea la de documentos, y éstos ya se hubieran aportado al proceso sin resultar impugnados, o en el caso de los informes periciales no sea necesaria la ratificación, el Tribunal dictará sentencia, sin más trámite.

[196] Vid. STC 23 de noviembre de 1995 (RTC 1995, 174); Sentencia AP de Navarra de 20 de enero de 1997 (AC 1997, 2); En este mismo sentido, la Sentencia AP de Vizcaya de 29 de abril de 2005, reitera: "(...) Téngase en consideración que la acción y anulación del laudo arbitral es un medio de impugnación extraordinario, que no permite una revisión

doctrina[197], dotando de esencia propia a esta forma de impugnación que se produce ante un órgano jurisdiccional pero que no tiene como finalidad la revisión en cuanto al fondo del contenido del laudo arbitral, sino la constatación del cumplimiento de las exigencias formales del procedimiento arbitral y en la emisión del laudo, constatadas en la enumeración de una serie de motivos previamente tasados.

De hecho la jurisprudencia se ha hecho eco de esta apreciación. Tómese como ejemplo la STS (Sala I de lo Civil) 429/2009, de 22 de junio, de la que transcribimos sus palabras textuales: "Estas particularidades del arbitraje y, en particular, del de equidad nos hacen llegar a la conclusión de que su *laudo solo puede ser impugnado por razones de forma* o de falta de garantías (juicio externo, en palabras del Tribunal Constitucional –STC 43/88; 174/95 y ATC 20 de julio de 1993, 29 de octubre de 1993 y 17 junio de 1991– y del Tribunal Supremo –STS

---

global del laudo arbitral y mucho menos el examen sobre el fondo de la cuestión resuelta por dicha resolución, sin que el pronunciamiento arbitral pueda ser considerado segunda instancia, pues de ser así, equivaldría, simple y llanamente, a una abolición del hecho del arbitraje. Si posteriormente se permitiera que los Jueces y Tribunales pudieran revisar la regularidad de todo el procedimiento arbitral, toda la valoración de la prueba realizada por los árbitros, y no solo la legalidad sino también la justicia de la decisión, pudiendo así anular los laudos por simples discrepancias en la apreciación de los hechos o de la prueba (…)".

[197] BARONA VILAR, S., "Comentarios a la Ley de Arbitraje (Ley 60/2003, de 23 de diciembre). Artículo 40", (Coord. Barona Vilar, S.), op. cit., 2004, págs. 1340 y ss.; Cfr. SENÉS MOTILLA, C., "Sobre la ejecución forzosa de las resoluciones arbitrales", en "Estudios sobre arbitraje: Los temas claves", (Coord. González Montes, J. L.), op. cit., 2008, págs. 288 y 289.

En el caso del laudo, en el mismo momento en que se finaliza el proceso arbitral, como hemos puesto de manifiesto, como no existe una segunda instancia arbitral, el laudo que decide el fondo de la controversia pone fin definitivamente a ésta y además con efectos ejecutivos y de cosa juzgada.

Ahora bien, cabe frente a él un medio que permitiría atacar la autoridad de cosa juzgada del laudo en el supuesto de que se acredite la conculcación de alguno de los motivos del art. 41 LA/2003 que fundan la acción de anulación del laudo y que permiten una revisión en cuanto al desarrollo del procedimiento arbitral, pero no un nuevo análisis del fondo por la Audiencia Provincial. Vid para todo este tema, GONZÁLEZ-MONTES SÁNCHEZ, J. L., "La acción de anulación del laudo en el proceso español de Arbitraje (Ley 60/2003, de 23 de Diciembre)", en "Estudios sobre arbitraje: Los temas claves", (Coord. González Montes, J. L.), op. cit., Madrid, 2008, págs. 228 y ss.

13 de octubre de 1986; 12 junio de 1987; 17 de marzo de 1988; 27 de febrero de 1989; 4 y 7 junio 1991; 2 de marzo de 1991) y, por esta razón, todas las sucesivas leyes *han prohibido a los tribunales que puedan conocer de los fondos de los asuntos* que las partes libremente han decidido someter a un arbitraje (art. 19 LAP/1953; art. 11,1 LA/1988 y de LA/2003). Ni siquiera pueden los tribunales examinar o revisar los supuestos errores del árbitro (Sentencias AP de Madrid 17 de enero de 2003; AP de Burgos 8 de octubre de 1999 y del TC 62/91 y 288/93). La explicación se encuentra en el argumento conforme al que si el arbitraje es fruto de la libertad y la autonomía de la voluntad de las partes, y estas lo estipulan sobre una materia disponible, el poder judicial solo es preciso que haga tareas de soporte (*designación de árbitros, arts. 38 a 44 de la LA/1988*) o tareas de control externo (*recurso de anulación, arts. 45 a 51 LA/1988*) o tareas de auxilio (*ejecución forzosa, arts. 53 a 55 LA/1988*)". Y por ende, el arbitraje de consumo (la *cursiva* es nuestra).

OROZCO PARDO y PÉREZ-SERRABONA GONZÁLEZ[198], partiendo de la anterior enumeración legal, sintetizan los motivos aplicables a la acción de anulación del laudo dictado por el Colegio arbitral de consumo:

- Nulidad del convenio arbitral, o expiración del plazo de validez si fuera establecido (Oferta Pública de Adhesión).
- Laudo dictado fuera del plazo, sin haber sido prorrogado. Aun cuando el RDAC/2008 nada dice de ello, –el art. 37,2 LA/2003 permite a los árbitros prorrogar el plazo hasta dos meses más (salvo acuerdo en contra de las partes)– pero recordemos que la expiración del mismo sin dictar laudo actualmente no supone la terminación de las actuaciones y el cese de los árbitros[199], ni

[198] OROZCO PARDO/PÉREZ-SERRABONA GONZÁLEZ, "El arbitraje de consumo", en "Estudios sobre arbitraje: Los temas claves", (Coord. González Montes, J.L.), op. cit., 2008, pág. 461.

[199] A pesar de la reiterada jurisprudencia al respecto –SSTS de 9 de Febrero de 1984, de 13 de Junio de 1984, de 27 de Febrero de 1985, de 1 de Octubre de 1990–, (donde se planteaba la necesidad de respectar en modo "inexorable" el plazo fijado para la emisión del laudo –ya que consideraban estas sentencias que ese es el lapso durante el

siquiera, es motivo de anulación como hemos venido comentando, desde la reforma de la L 11/2011, la extemporaneidad del laudo[200].

- Falta de capacidad de los árbitros (art. 17 RDAC).
- Árbitro incurso en causa fundada de abstención o recusación (22 RDAC)[201].
- Falta, no subsanable, de observancia de las formalidades establecidas para el nombramiento del Colegio, o en cualquier fase de desarrollo del procedimiento arbitral. Como ya hemos explicado[202], el art. 21,1 LA/2003 establece como tales los de audiencia, contradicción e igualdad por lo que, si la quiebra de cualquiera ellos produce la indefensión de una parte, daría lugar a la anulación del laudo. Recordemos aquí lo desarrollado en cuanto a la prueba, dado que las partes no están facultadas para exigir que se realice cualquier tipo de prueba que tengan a bien proponer, según ha manifestado reiteradamente la jurisprudencia. En consecuencia, si ambas partes han tenido acceso

---

cual las partes, voluntariamente, renuncian al ejercicio jurisdiccional de sus diferencias y dotan de facultades decisorias al árbitro–, so pena de terminación de las actuaciones y cese de las funciones de los árbitros), la reforma especialmente relevante introducida por la L 11/2011 este tema ha modificado y suprimido los dos últimos párrafos del anterior art. 37,2 LA/2003, que se sustituyen por el párrafo final del actual texto y en el que:

"Se dispone expresamente que la expiración del plazo sin que se haya dictado laudo, salvo acuerdo en contrario, *no afectará a la eficacia del convenio arbitral ni a la validez del laudo*, sin perjuicio de la responsabilidad en que hayan podido incurrir los árbitros como consecuencia de ello" (La *cursiva* es nuestra).

[200] A nosotros, desde luego, nos surgen dudas acerca de lo acertado o no de esta reforma en lo que al tiempo real se refiere, porque puede llevar a eternizar *sine díe* un arbitraje. Solo el tiempo dirá de la eficacia de esta medida, que se nos hace contraria al espíritu de rapidez que imbuye toda la legislación arbitral. Si bien reiteramos que nos parece acertada en cuanto a que corrige la regulación anterior, que resultaba ciertamente insuficiente, confusa y especialmente desafortunada: el transcurso del plazo determinaba automáticamente la terminación de las actuaciones y el cese de los árbitros, aunque no afectaba a la validez del convenio arbitral.

[201] Regulado en la LA/2003 en el art. 17: Motivos de abstención y recusación.

[202] Vid. *supra* IV.B.- Principios inspiradores del proceso arbitral de consumo.

a las pruebas practicadas y los árbitros tienen suficientes elementos de juicio, no habrá lugar al recurso[203].

- Cuando los árbitros deciden sobre cuestiones cuya materia no es susceptible de arbitraje[204]. Cabría plantearse en este caso la responsabilidad de los árbitros por el perjuicio que ello cause a la parte afectada.
- Y como no, cuando el laudo es contrario al *orden público*. Se trata de un concepto anfibológico susceptible de diversos significados según el contexto en que se aplique:
  - Puede ser entendido en sentido *material*: como el conjunto de principios o directrices que en cada momento informan el Ordenamiento Jurídico (según DE CASTRO[205]) y ha sido conectado especialmente con el art. 24 CE por la doctrina del Tribunal Constitucional: el conjunto de principios jurídicos públicos, privados, políticos, morales y económicos,

---

[203] STS 28 de octubre de 1998: "*este derecho a proponer pruebas no conlleva la necesaria admisión y práctica de las que el árbitro repute no pertinentes.* No existe pues un *derecho a llevar a cabo una actividad probatoria ilimitada".* (STC 89/1986; 212/1990 y 233/1992). (La *cursiva* es nuestra).

[204] Recordemos que, con la regulación anterior, la extralimitación parcial del laudo (incongruencia *extrapetita*) conllevaba una nulidad parcial del mismo, siempre que ello no afectara a la totalidad del fallo. Hoy en día ha desaparecido este motivo de nulidad al hilo de la reforma de la L 11/2011. Pero entendemos que no deja de ser un mecanismo previo para resolver situaciones de incongruencia directamente por los árbitros, de manera más rápida y eficaz. De hecho, es reiterada jurisprudencia, STS de 7 de Junio de 1990 que, "(...) la misión de los Tribunales en los casos de recurso contra el laudo consiste en dejar sin efecto lo que pueda constituir un exceso del laudo arbitral, más no corregir sus deficiencias u omisiones o crear dificultades respecto del móvil de paz y concordia que a los árbitros se encuentra confiado (S. de 17 de Marzo de 1988), pues los árbitros [de equidad] no vienen obligados a interpretar las cláusulas del compromiso de manera rígida y excesivamente literal, sino que disponen de la suficiente libertad para resolver con amplitud sobre el conjunto de lo pactado (S. de 28 de Noviembre de 1958)".

MOLINA CABALLERO, M.J., ""La congruencia en los laudos arbitrales", Málaga, 2002, págs. 110 y 111.

[205] Para un estudio en profundidad de este tema, vid. DE CASTRO BRAVO, F., "El negocio jurídico", Madrid, 1985.

que son absolutamente obligatorios para la conservación de la sociedad en un pueblo y en una época determinada[206].

- En sentido *procesal*: el orden público se configura como el conjunto de formalidades y principios necesarios de nuestro ordenamiento jurídico procesal, por lo que el arbitraje que conculque alguno de ellos podrá ser tachado de nulo[207].

De todo lo anterior podemos concluir:

---

[206] Cfr. STC 25/4/1986 y Sentencia AP de Castellón de 24 febrero de 2003.

[207] En concreto la Sentencia AP de Madrid de 12 de Junio de 1995 afirma: "(...) ya esta misma Sala, en Sentencia de 28 de Noviembre de 1994, precisó lo que debía entenderse por orden público a los efectos del artículo 45.5 de la Ley de Arbitraje, que tal y como se manifiesta en su propia Exposición de Motivos habrá de ser interpretado a la luz de los principios de nuestra Constitución, cuyo intérprete máximo no puede ser otro que el Tribunal Constitucional, con arreglo a cuyas declaraciones debe entenderse que para que un laudo arbitral sea contrario al orden público, será preciso que vulnere los derechos y libertades fundamentales reconocidos en el Capítulo II, Título I de la Norma Suprema, garantizados a través de la misma (STC de 14 de Abril de1986), siendo éste el parecer mayoritario de las Audiencias Provinciales (así, Zaragoza de 6 de Septiembre de 1991, Madrid de 26 de Noviembre de 1991, 15 de Abril de 1992, 22 de Septiembre de 1992,18 de Octubre de 1993), sin que en el Laudo discutido pueda admitirse atisbo alguno de haberse conculcado tal concepto".

Asimismo, la citada Sentencia AP de Madrid de 31 de Octubre de 1995 afirma: (...) Es cierto que un importante sector de nuestra doctrina considera que a través de la acción de anulación del laudo arbitral de derecho puede la Audiencia Provincial revisar la normativa jurídica aplicable. Pero eso se hace después de criticar con acritud al legislador por haberse "olvidado" de incluir ese motivo entre los que dan lugar a la posible anulación del laudo y, al enmendar ese lapsus del legislador intentan darle cobijo en el caso quinto del artículo 45 de la Ley de Arbitraje (dándole al concepto de "orden público" un significado innovador) e incluso en el caso segundo del artículo 45 en relación con el número 2 del artículo 32 (se le confiere a la "motivación" del laudo un carácter material). Parece más adecuado atenernos a lo legislado en los términos en los que aparece redactada la Ley y no acudir a interpretaciones rebuscadas. Téngase en cuenta que nos encontramos ante dos personas que, para decidir su cuestión litigiosa con sujeción a derecho, optan por alejarse de los órganos jurisdiccionales, prefiriendo que la interpretación de las normas jurídicas de aplicación a su controversia se haga por personas ajenas al Poder Judicial. Después de dictado el laudo arbitral aquél al que favorece se reafirma en su inicial creencia. No siendo de recibo que aquél al que perjudique adjure de su primitiva referencia, clamando por una resolución jurídica del fondo de la cuestión litigiosa por el órgano jurisdiccional. Pues nadie le ha obligado a firmar el

- Será nulo el laudo que suponga una vulneración de los derechos fundamentales y libertades públicas reconocidas en la Constitución.
- Asimismo, lo será aquél en cuyo proceso de sustanciación se hayan infringido los principios procesales de *audiencia*, igualdad y *contradicción*, provocando indefensión, siendo contrario al art. 24 CE[208].

Nota destacada de este *supermotivo* de nulidad, que denota su relevancia, es que puede ser apreciado de oficio por los Tribunales (por ejemplo, al despachar ejecución) y por el Ministerio Fiscal.

D.3.2. Breve referencia a la ejecución forzosa del laudo de consumo

Equiparado el laudo a la sentencia firme de condena[209], su ejecución se rige por la regulación de la Ley de Enjuiciamiento Civil –art. 517,2,2º– para dicho tipo de resolución (art. 44 LA/2003).

---

convenio arbitral, sin el cual sería un órgano integrante del Poder Judicial el que habría resuelto su contienda, debiendo quedar vinculado por sus propios actos, de los que no puede desdecirse una vez conocidos sus resultados o consecuencias".

Si bien se mira, bastaría con esta sola causa para contener al resto, dado el contenido material y procesal del concepto de orden público.

208 Así lo dispone el art. 24,1 LA/2003 bajo el epígrafe, Principios de igualdad, audiencia y contradicción: 1. Deberá tratarse a las partes con igualdad y darse a cada una de ellas suficiente oportunidad de hacer valer sus derechos.

209 La mera contraposición de esta declaración –laudo y resoluciones arbitrales frente a sentencia firme de condena– nos advierte de la ejecutabilidad intrínseca del laudo y de la pluralidad de resoluciones que pueden llevar aparejada ejecución, omitiendo el legislador cualquier referencia al contenido material de sus pronunciamientos (debiendo entenderse por tales los laudos parciales recogidos en el art. 37,1 LA/2003).

La posibilidad de dictar estos es tanto más abonada cuanto mayor sea la complejidad del objeto del proceso arbitral, que puede englobar varias cuestiones entre sí (vínculo prejudicial), de forma que abordar separadamente unas y otras puede ser muy conveniente, no solo para la acertada decisión de la controversia sino en orden a la fiscalización posterior de los distintos pronunciamientos.

Cfr. SENÉS MOTILLA, C., "Sobre la ejecución forzosa de las resoluciones arbitrales", op. cit., 2008, pág. 288 y 290.

La LA/2003 se ocupa tan solo de la posibilidad de ejecución forzosa del laudo durante la pendencia del procedimiento en que se ejercite la acción de anulación[210]. Se opta por atribuir fuerza ejecutiva al laudo aunque sea objeto de impugnación, si bien la falta de firmeza se ve contrapesada por la facultad del ejecutado de obtener la suspensión de la ejecución prestando caución para responder de lo debido, más costas y daños y perjuicios derivados de la demora en la ejecución (art. 45.1 LA/2003).

No podemos pasar por alto la STJUE de 6 de octubre de 2009[211], que ha instado a los Jueces de la ejecución para actuar de oficio y de esta manera, garantizar la protección del consumidor cuando se trata de ejecutar un laudo, aun cuando en España la doctrina de las Audiencias Provinciales ya había aplicado esta regla con anterioridad. Sin embargo, esta manera de proceder implica sustituir la iniciativa que corresponde a las partes en el proceso de ejecución por la del *iudex*, con grave lesión para los derechos del ejecutante y del principio dispositivo, e inclusive, permite hablar de una intromisión de la jurisdicción ordinaria en el arbitraje al obviar que se trata de un proceso de única instancia.

Por otra parte, la presencia de un consumidor –cuando es el ejecutado– no debería alterar la regla base que preside la actuación del órgano encargado de la ejecución: el principio de oportunidad. Esto conlleva que el Juez debe abstenerse de realizar un examen de la Justicia intrínseca que documenta el título que se le presenta, como de igual modo en la acción de anulación del art. 40 LA/2003, al Tribunal no le

---

[210] Categórica es al respecto la LA/2003 en este tema. En efecto, tal declaración es coherente con la configuración legal del proceso arbitral como proceso de instancia única, a pesar de la imprecisión legal (ya desaparecida y comentada) que considera laudo definitivo al que pone fin al proceso arbitral, y laudo firme aquel frente al que no prospera la acción de anulación; en realidad sabíamos que el laudo es firme *ab initio*, pues contra él no cabe recurso alguno, sin perjuicio de la admisibilidad de concretas acciones rescisorias (anulación y revisión).

[211] Sobre todo este tema, vid. RUIZ MORENO, J. M., "El control ex officio iudicis de la validez del laudo de consumo en el proceso de ejecución: una práctica errónea de las Audiencias Provinciales que ahora confirma la Sentencia Asturcom Telecomunicaciones del TJUE", Diario La Ley, nº 7578, 2011, pág. 2 a 8.

está permitido analizar la decisión de fondo[212] tomada por el Colegio arbitral más allá de los motivos concretos del art. 41.1 LA/2003. Directamente relacionado con esto último, si en la LA/2003 se parte de que la presencia de los Tribunales en el procedimiento arbitral debe estar presidida por la idea de la mínima injerencia (vid. art. 8 LA/2003[213]), asistimos a una contradicción en caso de que se permita al Juez ejecutor un examen del título (laudo) que vaya más allá de la mera constatación de sus requisitos formales.

Por otra parte, seguimos a RUIZ MORENO[214] cuando opina que se echa de menos un criterio unificador de las decisiones procedentes de las Audiencias Provinciales al resolver el recurso de apelación contra el auto que niega la ejecución del laudo, y donde el ejecutado es el consumidor. Cierto que aquí la utilización de un recurso extraordinario en unificación de doctrina no es posible porque no existe actualmente, pero no lo es menos que los Acuerdos sobre unificación de criterios jurisprudenciales en materia de ejecución del laudo solo han tenido un muy limitado alcance.

Por último, no queremos terminar este apartado sin hacer una pequeña mención al tema de la ejecución impropia de los laudos meramente declarativos. Efectivamente, la extensión del ámbito del arbitraje a las controversias sobre materias de libre disposición supone la generalización de los laudos con pronunciamientos meramente declarativos, cuya eficacia puede requerir actuaciones que exceden el marco de la

---

[212] Si en la ejecución no es posible cuestionar el tema de fondo, menos aún lo deber ser el llevar a cabo una investigación realizada en una sede totalmente extraña a la misma, permitiendo que el Tribunal pueda comprobar la imparcialidad del Colegio arbitral y al margen de los datos que figuran en los autos objeto de enjuiciamiento.

[213] No podemos, ni queremos pasar por alto que la última reforma en este sentido operada por la ya nombrada LO 5/2011 suprime las competencias de los Juzgados de lo Mercantil para la ejecución de los laudos arbitrales que les correspondían, al derogarse el apartado g) del art. 86 ter.2 LOPJ.

[214] RUIZ MORENO, J. M., "El control ex officio iudicis de la validez del laudo de consumo en el proceso de ejecución: una práctica errónea de las Audiencias Provinciales que ahora confirma la Sentencia Asturcom Telecomunicaciones del TJUE", op. cit., 2011, págs. 6 a 7.

ejecución forzosa. Tales actuaciones integran la denominada "ejecución impropia", cuya máxima expresión aflora en la LEC –art. 521,1– respecto de las inscripciones y modificaciones registrales. En este sentido, aunque la ley procesal se refiere únicamente a las resoluciones judiciales, consideramos al laudo título suficiente para la inscripción registral acorde a sus pronunciamientos sin necesidad de instar el despacho de la ejecución (si bien, a tales efectos, sí nos parece ineludible la protocolización del laudo)[215]

---

[215] Es cierto que, la Resolución de la Dirección General de los Registros y Notariado de 20 de febrero de 2006 elude de forma expresa el debate sobre los requisitos y condiciones para la inscripción registral del laudo, si bien para el ámbito de las medidas cautelares acordadas por los árbitros confirma la negativa del legislador a practicar la anotación de la prohibición de disponer por falta de mandamiento judicial, estimando insuficiente, a tales efectos, la escritura de protocolización del laudo.

En este sentido, y en conversaciones personales mantenidas con D. Jesús Camy Escobar, Registrador de la Propiedad de Granada, se comprueba cómo en la práctica registral, este Registrador opina que, en tanto en cuanto haya restricción de derechos, y por aplicación del derecho constitucionalmente reconocido a la tutela judicial efectiva –art. 24,1 CE–, es necesaria la intervención judicial para que se puedan ejecutar las medidas cautelares (dividiendo así, por tanto, la parte declarativa de dichas medidas de la parte ejecutiva).

CAMY ESCOBAR, considera que se podría tomar como regla general, una medida cautelar adoptada por un árbitro, puede tener las siguientes consideraciones, (muy esquemáticas y generales, ya que habría que estudiar a fondo cada caso concreto), a la hora de su posible inscripción registral:

a. Que *no existan terceros*. Es decir, que quede restringido el ámbito de afección de la medida cautelar exclusivamente a las partes intervinientes en el proceso arbitral (sin terceros implicados). En este caso, considera que sería inscribible –incluso, sin necesidad de protocolización notarial del laudo– como acuerdo privado que solo afecta a las partes.

b. Que *existan terceros*. En cuyo caso, distingue entre:

1. Que no les afecte la medida cautelar. Aquí nos encontramos en idéntica situación a la anterior, entendiendo que existe un acuerdo privado entre las partes, con lo cual, al no encontrarse ningún sujeto implicado por dicha medida –aunque existan–, no habría ningún inconveniente en la inscripción.

2. Que les afecte la medida cautelar. Por ejemplo, que exista una hipoteca o bien otro propietario del bien a embargar. En este caso, sí se necesitaría el refrendo judicial para poder inscribirlas. Por afectar a terceros que no son parte en el proceso arbitral (Nos planteamos si se podría llamar a ese tercero al proceso arbitral, de igual modo que

E.- Breve reseña a las disposiciones especiales: arbitraje de conusmo electrónico y colectivo

Según el propio Instituto Nacional de Consumo, dos novedades de notable trascendencia se incorporan, por último, en el nuevo reglamento: se regula el arbitraje de consumo electrónico y el arbitraje de consumo colectivo.

• El *arbitraje de consumo electrónico*, que se sustanciará conforme al diseño general previsto en el RDAC/2008 –arts. 51 a 55–. Ante todo, advertir que el arbitraje electrónico no implica alteración alguna de la competencia entre las distintas JAC, sino que solo supone la utilización de medios electrónicos para todos los trámites de su procedimiento. De ahí, la necesidad de exigir normas de seguridad[216].

Se aborda la regulación de aquellos aspectos concretos necesarios para su funcionamiento, tales como la determinación de la JAC competente, el uso de la firma electrónica, el lugar del arbitraje[217] y la notificación, introduciendo la publicación de edictos de manera electrónica

---

se llama al tercero en garantía en el proceso civil). Además en estos casos, tendríamos que estar a la casuística, tanto de la medida cautelar como de las partes intervinientes en el arbitraje, no siendo posible dar una solución genérica.

c. El conocimiento de la existencia de terceros es *con posterioridad* a la inscripción en el Registro de la medida cautelar, es decir, terceros afectados desde el principio pero que se desconoce su existencia. Independientemente de la corrección de errores que pudiera realizarse, se depurarían responsabilidades al Registrador correspondiente (Art. 296 y ss. Ley Hipotecaria). Tema espinoso donde los haya.

[216] En concreto, previamente a la solicitud del arbitraje que se hará electrónicamente, el consumidor –y por ende, el empresario que desee adherirse a esta modalidad arbitral–, habrá de disponer de firma electrónica válida, expedida por la Fábrica de Moneda y Timbre, así como de una cuenta de correo electrónico proporcionada por Correos y Telégrafos de España, a efectos de la seguridad en las comunicaciones.

[217] Cuestión esta de suma importancia tratándose de un procedimiento arbitral que en esencia está desubicado en el espacio. En este aspecto, el RDAC/2008 soluciona eventualmente los problemas que puedan surgir al sancionar como lugar de celebración aquel en que tenga su sede la JAC competente o la delegación territorial de la misma, salvo que el laudo figure en lugar distinto, en cuyo caso se entenderá como lugar de celebración aquel en el que se hubiera dictado el laudo.

ante la imposibilidad de la notificación en el lugar designado por las partes[218], sin perjuicio de que alguna actuación arbitral deba practicarse por medios tradicionales. De hecho, si el Colegio arbitral acuerda la práctica presencial de la prueba, esta se realizará por videoconferencia o cualquier otro medio técnico que permita la identificación y comunicación directa de los comparecientes –art. 45,4 RDAC/2008–.

El arbitraje electrónico se sustanciará a través de la aplicación informática habilitada por el Ministerio de Sanidad, Política Social e Igualdad (donde está inmerso el INC), y se incorporarán a ella las JAC que se adscriban a este tipo de arbitraje cuya utilización será fomentada por las administraciones públicas en materia de consumo.

La norma contempla también, como decimos, que en el arbitraje de consumo convencional podrán utilizarse medios electrónicos en la audiencia a las partes, bien escritos, bien a través de videoconferencia.

Con esta regulación, el Gobierno cumple con el mandato establecido por la Ley de Mejora de la Protección de los Consumidores y Usuarios, la cual recogía que, en el plazo de un año se regulara el arbitraje virtual dentro de una nueva ordenación del sistema arbitral de consumo, contando con el parecer de las Comunidades Autónomas a través de la Conferencia Sectorial de Consumo y con audiencia del Consejo de Consumidores y Usuarios.

• El *arbitraje de consumo colectivo*, (al que igualmente le serán de aplicación las disposiciones generales del RDAC/2008), es aquel arbitra-

---

[218] Las notificaciones se realizarán en la sede electrónica designada por las partes a tales efectos, entendiéndose realizadas a todos los efectos legales en el día siguiente a aquel en que conste el acceso al contenido de la actuación arbitral objeto de la notificación. No obstante, para los supuestos en que el sujeto notificado no hubiere accedido al contenido de la actuación arbitral, transcurridos 10 días desde la fecha y hora en que se produjo su puesta a disposición, se entenderá que la notificación ha sido intentada sin efecto, produciéndose una notificación del edicto en las sedes electrónicas de las JAC.

Cfr. especialmente respecto del edicto electrónico, ARTACHO MARTÍN LAGOS, M., "Algunas consideraciones sobre los actos de comunicación en el Real Decreto 231/2008, de 15 de febrero, por el que se regula el Sistema Arbitral de Consumo", en Presente y futuro de la e-justicia en España y la Unión Europea, Aranzadi, junio, 2010, págs. 638 y ss.

je que tiene por objeto resolver en un único procedimiento los conflictos que, en base a un mismo presupuesto fáctico, hayan podido lesionar los intereses colectivos de los consumidores y usuarios, afectando a un número determinado o determinable de estos –art. 56 RDAC–. Precisamente por ello entendemos que no estamos ante un ejercicio de acción colectiva en defensa de los intereses colectivos o difusos de los consumidores y usuarios, a modo de la acción que puede ejercitarse en el proceso civil por aplicación del art. 11,2 y 3 LEC, sino que se trata de un ejercicio acumulado de varias acciones frente a un mismo empresario requerido, basadas todas ellas en la misma *causa petendi* –estamos ante una acumulación subjetiva de acciones de carácter sobrevenido que da lugar a un proceso especial, en el que, obviamente, se dará una solución plural[219]–.

Entendemos que no se trata de una acción colectiva por varias razones:

- En cuanto al sujeto legitimado para el ejercicio de la acción. Ya que el RDAC/2008, permite a las asociaciones de consumidores y usuarios instar a las JAC la acumulación, poniendo en conocimiento de la JAC a la existencia de varias reclamaciones individuales. Pero a quien corresponde solicitar el arbitraje es, en todo caso, a cada uno de los consumidores y usuarios afectados por el mismo hecho dañoso.
- Porque la acumulación de reclamaciones individuales requiere, en todo caso, la aceptación del empresario. A *sensu contrario,* si éste se opone a la acumulación, las reclamaciones individuales habrán de tramitarse por separado.
- El laudo que se dicte solo puede afectar a los consumidores que participaron en el proceso arbitral acumulado, de modo que a ellos, exclusivamente, les afectará la cosa juzgada. Así, los consumido-

[219] Seguimos a MONTERO AROCA, cuando distingue interés plural –la suma de varios intereses individuales, y que se refleja procesalmente en el fenómeno de la acumulación–, de interés colectivo o difuso –que constituye un supuesto de legitimación extraordinaria–.

Sobre este particular puede verse GUITIÉRREZ DE CABIEDES E HIDALGO DE CAVIEDES, P., "Comentario al art. 11 de la LEC", en AAVV, Comentarios a la Ley de Enjuiciamiento Civil, vol. I, Elcano, Navarra, 2001, págs. 132 y ss.

res afectados que no participaron de ese arbitraje colectivo podrán iniciar tanto un procedimiento arbitral "ordinario" como un proceso judicial posterior, no quedando vinculado ni el árbitro ni el órgano jurisdiccional a lo resuelto en el arbitraje colectivo[220].

Se abordan en esta regulación del arbitraje colectivo expresamente, sus particularidades en relación con la determinación de la competencia territorial de las JAC, la iniciación del procedimiento, el llamamiento a los consumidores y usuarios cuyos intereses individuales pudieran haberse visto afectados por los hechos de los que trae su causa el arbitraje y la fecha de iniciación del plazo para dictar laudo, haciéndolo coincidir con la finalización del plazo para el llamamiento y, en consecuencia, con el momento en el que se habrán formalizado válidamente la mayor parte de los convenios arbitrales que permitirán el conocimiento y resolución de este arbitraje colectivo.

La tramitación del arbitraje colectivo determinará la acumulación en este procedimiento de las solicitudes de arbitraje individual y la posibilidad de que el reclamado se oponga a tal tramitación individual. Adicionalmente, se prevé en la norma la acumulación de procedimientos individuales. Por otra parte, será el Presidente de la JAC quien podrá acordar la acumulación de las solicitudes presentadas frente a un mismo reclamado en las que coincida la reclamación para que sean conocidas en un único procedimiento.

Si, iniciado el procedimiento, la empresa o profesional acepta someter la resolución al sistema arbitral del consumo, en un único procedimiento, se efectuará un llamamiento a los consumidores afectados para que hagan valer sus legítimos derechos e intereses individuales en este procedimiento arbitral mediante la publicación en el Diario Oficial que corresponda al ámbito territorial del conflicto

Confiamos plenamente en que todas estas novedades contribuyan firmemente a consolidar el Sistema y a su implantación definitiva.

---

[220] A este respecto, Cfr. MARÍN LÓPEZ, M. J., "La nueva regulación del arbitraje de consumo: el RD 23172008, de 15 de febrero", op. cit., págs. 17 y 18, y BONACHERA VILLEGAS, R., "Los arbitrajes especiales", op. cit., págs. 153 a 157.

No obstante, este esfuerzo y el esfuerzo de todas las Juntas Arbitrales y de las Administraciones públicas, habrán sido en vano si el consumidor no tiene en cuenta, los mecanismos que le ofrecen las empresas y profesionales para dirimir los conflictos que puedan surgir en sus relaciones contractuales –Memoria del INC 2009–[221].

[221] Referencia Internet: http://www.consumo-inc.es/Arbitraje/docs/memarb072.pdf

V
CONCLUSIONES

I.- Hay que destacar que el arbitraje no implica un menoscabo de la actividad jurisdiccional del Estado, sino que una y otra función, jurisdiccional y arbitral, se complementan. De este modo, la intervención judicial en el arbitraje, recogida en los arts. 7 y ss. LA/2003 se configura como un *"...colorario del denominado efecto negativo del convenio arbitral..."*, limitándose dicha intervención *"...a los procedimientos de apoyo y control, expresamente previstos por la Ley"*. Nos referimos a la necesaria e importantísima cooperación que debe existir por parte de los órganos jurisdiccionales, de cuyo apoyo depende el éxito del arbitraje en España, como *equivalente jurisdiccional* que es.

II.- Queda claro que el árbitro conocerá de las cuestiones que le vengan atribuidas bien por Convenio arbitral, bien por ley (como ocurre en el RDAC/2008 que, *a sensu contrario*, regula las materias no disponibles). Haciendo un examen de los tipos de acciones existentes, en relación con el arbitraje podemos concluir que no hay obstáculo alguno para que los árbitros conozcan de las acciones declarativas de condena, de las cautelares e incluso, de las meramente declarativas. Lo que no es pacífico es admitir la posibilidad arbitral en las acciones constitutivas, obviamente que puedan ser de libre disposición por las partes.

III.- A pesar de que el RDAC/2008 señala que la actividad de la JAC es administrativa, entendemos que, si bien se trata de un órgano administrativo, por establecerlo así dicha norma, sus decisiones no tienen por qué ser, al menos todas ellas, actos administrativos. No toda la actuación que realiza la Administración Pública (de entenderse que tienen esa consideración) se manifiesta en actos administrativos. Piénsese que la Administración puede también actuar, y así lo hace, sujeta al Derecho Privado.

Como decimos, sin entrar a examinar si el SAC se desarrolla por una Administración Pública, es decir, dejando al margen si su estructura orgánica puede dotarse de dicha consideración, puesto que podría iniciarse un largo debate que no ha sido el objeto de este trabajo, queda claro que el arbitraje, y, en concreto el de consumo, *no es una potestad administrativa*. Para que pudiera considerarse como tal, es requisito fundamental que se haya declarado expresamente por una Ley de forma determinada y perfectamente definida. No es el caso.

Y por otra parte, ¿porqué se admite la posibilidad de recurrir la decisión de admisión/inadmisión de las solicitudes de arbitraje y sin embargo, no se regula ningún tipo de recurso, ni queja, ni posibilidad de actuación alguna contra la decisión de no admisión como empresa adherida? ¿Es que acaso una resolución se trata como administrativa y la otra no?

Por ello, llegamos a la conclusión de que el procedimiento arbitral de consumo no es un procedimiento administrativo, sino un equivalente a la vía jurisdiccional para la solución de conflictos, y que si el legislador pretende reforzar la intervención de la Administración en el arbitraje de consumo lo hace, y como se señala en la Exposición de Motivos, en aras de garantizar la transparencia en el funcionamiento del sistema y la seguridad jurídica de las partes, principios que se presuponen implícitos en la actuación de la Administración Pública.

El legislador, independientemente del carácter administrativista que pretende imbuirle a todo el articulado del RDAC/2008, cuando hace referencia a "*pone fin a la vía administrativa*" realmente hay que interpretarlo como "*abre la vía judicial*". En caso contrario, estaríamos cayendo en el absurdo de recurrir judicialmente la resolución de aceptación/denegación de la solicitud de arbitraje. La vía judicial podría durar años, sin haber comenzado ni siquiera el propio arbitraje (cosa totalmente contraria a la naturaleza de rapidez a la que aspira todo el SAC). Además, se estaría considerando al arbitraje como paso previo al jurisdiccional, y eso es completamente falso.

IV.- En principio, no hay ninguna JAC que pueda declararse incompetente. Y decimos "en principio" porque el art. 37,1 RDAC/2008 recoge que el Presidente de la JAC conocerá de su competencia territorial y señala, que de no ser competente, se trasladará a la JAC a la que corresponda. Este precepto esta indicándonos la posibilidad de la declaración de incompetencia territorial de oficio.

Pero entendemos que este artículo se refiere al caso de existir convenio arbitral; porque, en caso contrario, se le dará traslado al reclamado para su aceptación. Lo cual nos lleva a la conclusión de que todo este tema de la competencia territorial se reduce a un problema de existencia o no de convenio arbitral.

V.- Nos hallamos con que el arbitraje –y por ende, el de consumo– es un auténtico proceso. Imbuidos en su procedimiento, encontramos todos los principios característicos de cualquier proceso jurisdiccional (incluso el de dualidad de partes, aunque sea en sede de exposición de Motivos de la LA/2003). Si bien nos llama la atención la inclusión del principio de gratuidad y de confidencialidad, no tanto por recalcarse su necesidad en el proceso arbitral, sino por lo desafortunado de su ubicación. El procedimiento del arbitraje de consumo, que se resolverá en equidad (salvo pacto en contrario por las partes), se ve influenciado todo él por el carácter tuitivo que tiene respecto del consumidor.

La posibilidad de reconvención, la adopción por los árbitros de medidas cautelares –si bien, alternativas y concurrentes con el Juez– incluso *ante causam*; la posibilidad de realizar prueba de oficio; el poder dictar laudos parciales, e incluso, laudos de no fondo; la falta de necesidad de protocolización; la supresión del calificativo "firme" del laudo; la rectificación de la incongruencia *extrapetita*; que la extemporaneidad del laudo no afecte a la eficacia del convenio arbitral ni sea motivo de anulación; la posibilidad de ejecución provisional; y como no, la regulación de los arbitrajes electrónico y colectivo, son, entre otras, novedades introducidas en nuestra regulación arbitral dignas de especial atención y comentario.

VI.- Por último, solo mencionar que nos encontramos a las puertas de un nuevo impulso en lo que al arbitraje de consumo se refiere. Como toda regulación introduce o amplía aspectos y elimina o reduce otros que no dieron buen resultado. En cualquier caso, no debemos tomarnos las últimas reformas con recelo, ya que creemos que lo que pretenden es potenciar la mediación y el arbitraje en el ámbito del consumo que tantos conflictos genera. Muchas veces parece que se hubieran acometido casi de puntillas y, otras, mediante soluciones consensuadas con enorme prudencia y paciencia, tienen mucho más calado y transcendencia de lo que pudiera parecer en una primera lectura. Sobre su transcendencia y eficacia solo el tiempo, el empeño y los medios que se empleen en su desarrollo práctico y ejecución nos permitirán realmente un juicio más riguroso y sin duda más acertado. Solo el tiempo dirá de su eficacia.

Finalmente, hubiera sido deseable que se hubiera aprovechado la reforma de la LA/2003 para clarificar determinadas lagunas de las que adolece la vigente Ley de Arbitraje y, en especial, en relación con la convivencia de los procedimientos arbitrales con otros procedimientos judiciales y si resultan aplicables a los procedimientos arbitrales los institutos de la prejudicialidad (especialmente la penal) y la litispendencia.

De igual forma, y dada la responsabilidad a la que están sometidas las instituciones arbitrales con respecto a la tramitación de los arbitrajes, y su indudable interés legítimo, hubiera sido deseable articular un mecanismo por el cual las instituciones arbitrales puedan participar de alguna manera en los procedimientos de anulación de laudos dictados en arbitrajes administrados por ellas, ya sea mediante la institución de la intervención voluntaria, o la figura del *amicus curiae* (para colaborar con el tribunal en la resolución de la materia objeto del proceso), para lo cual bastaría introducir la previsión legal de que se notifique el inicio del procedimiento de anulación de laudo a la institución arbitral que administró el arbitraje, y se le permita personarse en el procedimiento como demandada.

La Ley debe ser mejorada, pulida y retocada con la experiencia, pero de una forma discreta y eficaz que persiga la excelencia. El arbitraje necesita serenidad, certidumbre y seguridad jurídica y no zarandeos e improvisación, elementos que, lamentablemente, han sido protagonistas en algunos momentos de esta reforma.

VI.
ANEXO II:
ESTADÍSTICAS DEL SAC HASTA EL 2008

Las Juntas Arbitrales de Consumo recibieron durante 2007 un total de 61.759 solicitudes de arbitraje, lo que supone un aumento de un 9,35% con respecto al año 2006, pero sin llegar alcanzar las cifras de 20041. (Gráfico 1).

GRÁFICA 1

Evolución de las solicitudes de arbitraje (2003-2007)

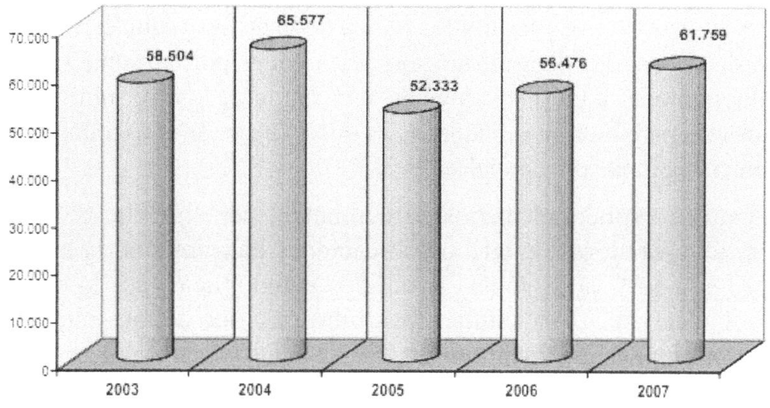

Un dato expresivo de la actividad del Sistema es el tipo de Junta elegido preferentemente por los consumidores para presentar sus solicitudes de arbitraje. (Gráfico 2)

GRÁFICA 2

GRÁFICA 2

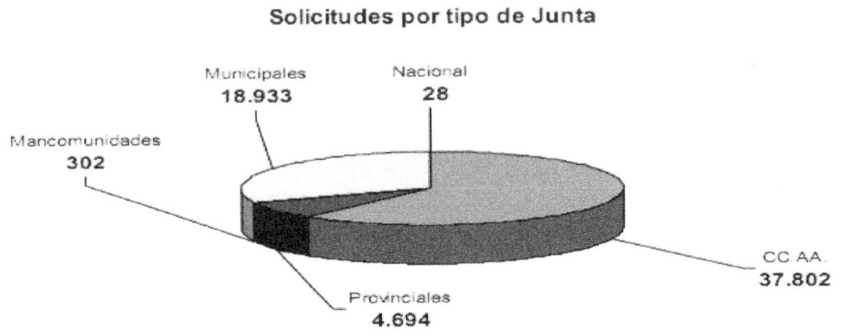

A la vista de estos resultados queda de manifiesto que el mayor número de solicitudes de arbitraje son gestionadas por las Juntas Arbitrales autonómicas, a las que siguen en la elección de los consumidores las Juntas más próximas al ciudadano, es decir, las de ámbito municipal, y, en tercer lugar, las provinciales.

Esto se explica, al menos parcialmente, por el hecho de que las empresas operadoras de telecomunicaciones han limitado la oferta de adhesión al SAC a las Juntas Arbitrales autonómicas, por lo que sólo éstas conocen de las solicitudes de arbitraje de uno de los sectores con mayor número de reclamaciones.

Las Juntas de Mancomunidades y la Junta Nacional tienen características especiales. De las primeras sólo existen tres, con lo cual es difícil establecer un baremo que se pueda comparar con las de otros ámbitos. La JAC Nacional constituye también una muestra atípica porque atiende básicamente las solicitudes de arbitraje derivadas de la contratación electrónica frente a las empresas adheridas a Confianza online, código de autorregulación que cuenta con el distintivo público de confianza en los servicios de la sociedad de la información y de comercio electrónico (Gráfica 3)

GRAFICA 3

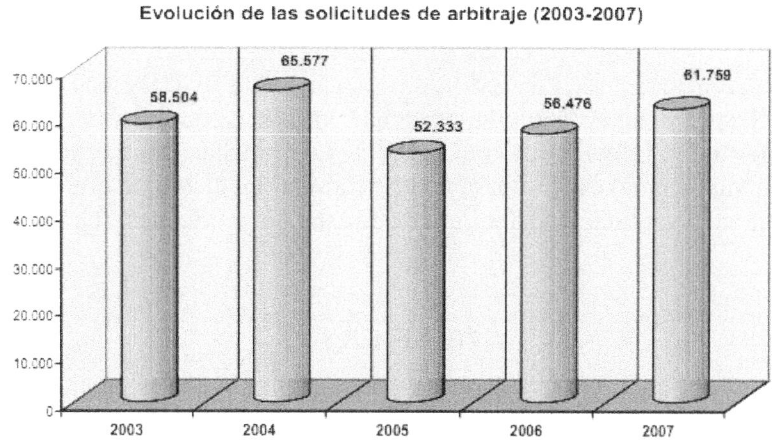

Por otra parte, si se analiza a una escala más expresiva gráficamente (OPS:1/100) la relación entre Ofertas Públicas de Sometimiento y solicitudes de arbitraje se llega a la conclusión de que el número de las primeras afecta moderadamente y con excepciones a los valores de las segundas. (Gráfica 4)

GRÁFICA 4

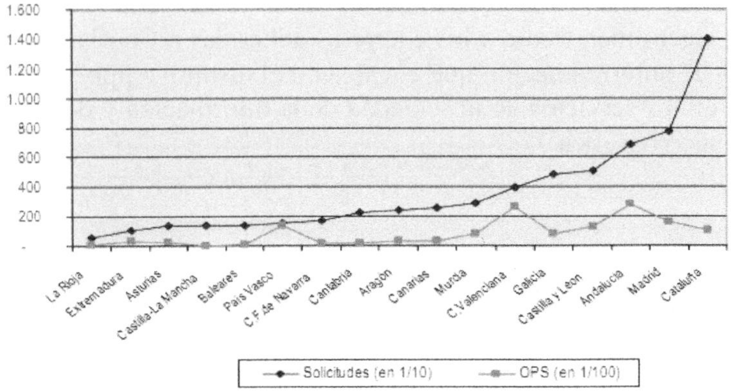

Respecto a las solicitudes resueltas, en seis Comunidades Autónomas (Aragón, Cantabria, Ceuta, Castilla-La Mancha, Asturias y Comunidad Valenciana) éstas superan a las recibidas en el año, lo que significa que se dio solución a solicitudes que estaban pendientes. (Gráfica 5)

GRÁFICA 5

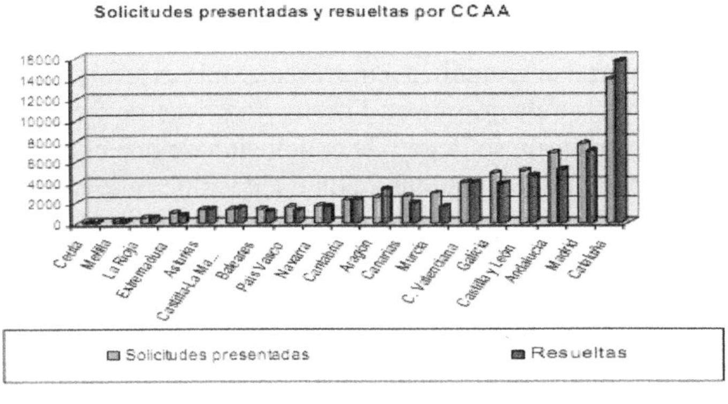

Podemos obtener una imagen más clara de estos resultados reordenando la relación de Comunidades Autónomas de acuerdo con el porcentaje de solicitudes resueltas sobre las recibidas, de menor a mayor. (Gráfico 6)

GRÁFICA 6

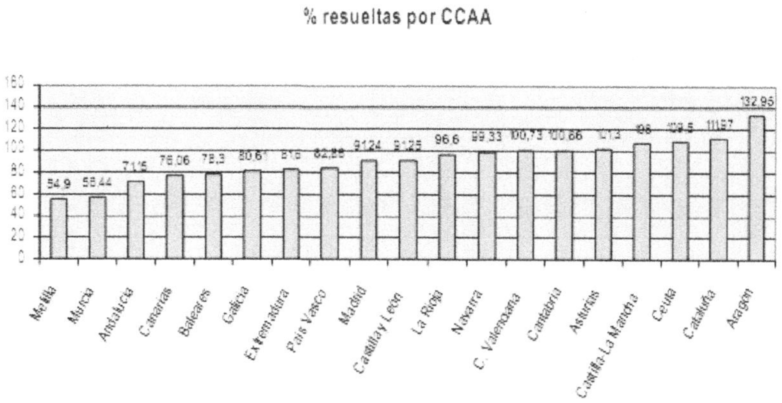

No obstante, en los datos sobre la vía elegida para la presentación de las solicitudes de arbitraje hay que tener en cuenta la influencia de la organización de las respectivas administraciones públicas a las que se adscriben las juntas arbitrales de consumo, y hay que pensar que ello explica, al menos parcialmente, las diferencias en las preferencias según el ámbito de la junta. (Gráfica 7)

En las Juntas provinciales, los consumidores recurren principalmente a organismos públicos para presentar su solicitud y, en un porcentaje superior a la media, lo hacen a través de asociaciones de consumidores. En cambio, esta última vía es muy poco utilizada en las Juntas municipales, en las que se desvía también a favor de los organismos públicos, fundamentalmente a través de las Oficinas Municipales de Información al Consumidor (OMIC).

En las Juntas de mancomunidades, por el contrario, apenas se recurre a los organismos públicos y sí se hace un uso apreciable de las asociaciones de consumidores.

Por último, en las Juntas de ámbito autonómico destaca la presentación personal por el consumidor y la realizada a través de asociaciones de consumidores en detrimento de la vía de organismos públicos.

GRAFICA 7

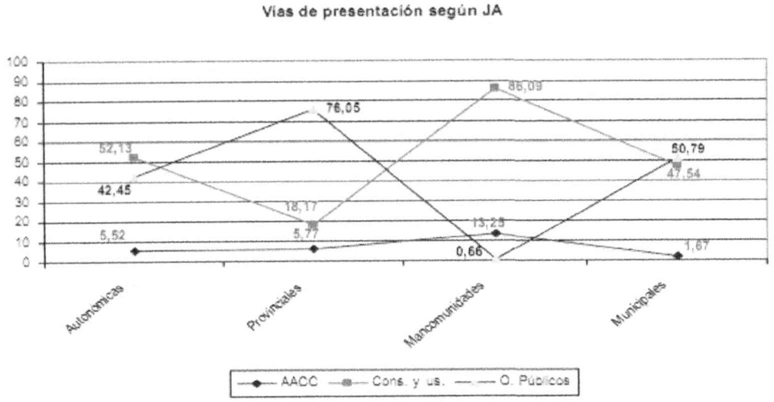

El objetivo principal del Sistema Arbitral de Consumo es resolver las solicitudes presentadas por los consumidores a través de la mediación entre las partes o mediante una resolución o laudo emitido por la Junta Arbitral que obliga a las partes igual que una sentencia judicial.

Sin embargo, no todas las solicitudes tienen este final. (Gráfica 8). Algunas no son admitidas porque corresponden a materias excluidas expresamente del sistema arbitral (hay indicios de delito o ya existe una sentencia judicial sobre el litigio, por ejemplo), otras se resuelven por sí mismas porque el consumidor solicitante desiste de su petición de arbitraje, y no faltan las que tienen que ser trasladadas a otra administración por razones de ámbito de competencias.

La mayor parte de las solicitudes que no llegan a la mediación o al laudo son aquellas que se archivan porque el arbitraje no es aceptado por el empresario (no hay que olvidar que el Sistema Arbitral de Consumo es voluntario). Estas y las que terminan por mediación o laudo representan en conjunto el 81% de las resueltas.

GRAFICA 8

Durante el año 2007 el Sistema Arbitral de Consumo generó 18.653 laudos de los que la inmensa mayoría (93,8%) fueron adoptados siguiendo el principio de equidad y el resto (6,2%) fueron dictados en derecho, es decir, ateniéndose estrictamente a la literalidad de la Ley 6.

Respecto al sentido de los mismos, algo más de la mitad estimaron las pretensiones de los consumidores. Los laudos restantes, prácticamente la otra mitad, fueron desestimatorios o alcanzados mediante conciliación de las partes. (Gráfico 9)

GRAFICA 9

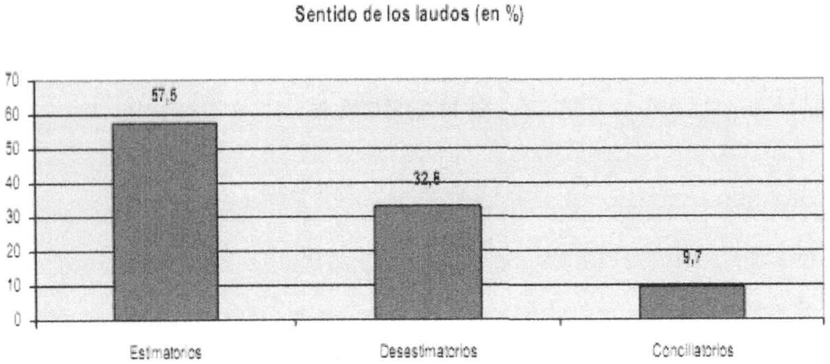

Los sectores que suscitaron mayor número de reclamaciones 11 están encabezados una vez más por las comunicaciones electrónicas (48,9% de todas las solicitudes de arbitraje registradas), en un porcentaje superior a las nueve que le siguen en la tabla. (Gráfica 10)

Cuando se ha considerado más significativo para el consumidor, en este gráfico, en el que se recogen los diez sectores más significativos, se han agrupado los que estaban directamente relacionados. Cuando un consumidor adquiere un automóvil no le preocupa solamente el acto de compraventa sino también su mantenimiento.

Por ello, en el sector automóviles se han incluido, además de las reclamaciones vinculadas a la venta, las referidas a los talleres de reparación.

El mismo criterio se ha aplicado en "Electricidad" (contratación y suministros y servicios de asistencia técnica-SAT) y "Electrodomésticos" (venta y SAT), o "Informática" (compra y reparación).

De la misma manera, "Comunicaciones electrónicas" incluye tanto las telefonías fija y móvil como proveedores de Internet.

GRÁFICA 10

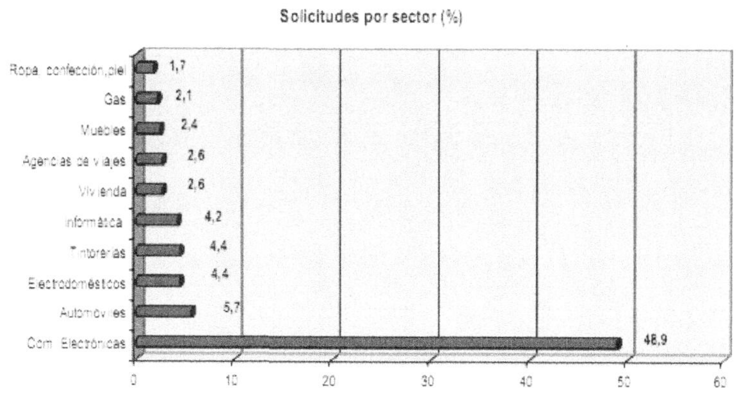

Si se presenta una solicitud referida a una empresa no adherida al arbitraje de consumo se le inquiere sobre si acepta voluntariamente que el conflicto se resuelva mediante arbitraje, porque la voluntariedad es una de las características de este sistema.

Por ello, las solicitudes de arbitraje presentadas por los consumidores no van dirigidas necesariamente a empresas adheridas al Sistema Arbitral de Consumo como se refleja en el Gráfico 11.

GRÁFICA 11

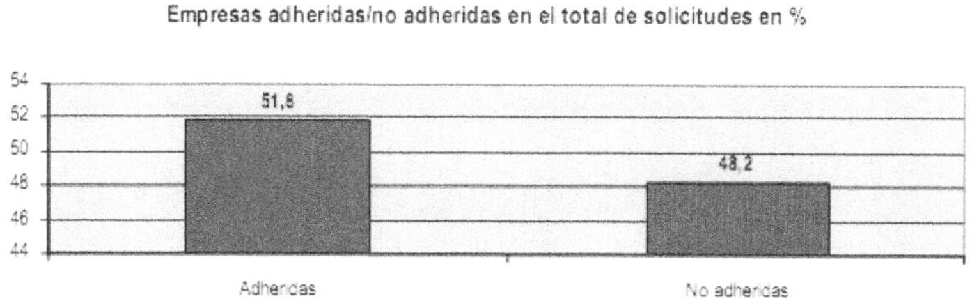

BIBLIOGRAFÍA GENERAL

ABELLÁN TOLOSA, "El Sistema Arbitral de Consumo", Valencia, 2004.

AGUILAR OLIVARES, "El arbitraje de consumo: evolución y régimen actual", en Curso de Derecho Arbitral, Valencia, 2009.

ALMAGRO NOSETE, J. "La responsabilidad de los árbitros", trascripción de la conferencia celebrada el 11 de noviembre de 1996 en la Jornada sobre Régimen jurídico de los árbitros, Barcelona, 1996; Ibídem, "La responsabilidad judicial civil", en La responsabilidad civil y su problemática actual, (Coord. MORENO MARTÍNEZ), Madrid, 2007.

ÁLVAREZ ALARCÓN, "El sistema español de arbitraje de consumo", INC, Jerez, 1999.

ARTACHO MARTÍN-LAGOS, M., "La controvertida firmeza del laudo", en "Estudios sobre el arbitraje: Los temas claves" (Coord. González Montes J. L.), Madrid, 2008; Ibídem, "Algunas consideraciones sobre los actos de comunicación en el Real Decreto 251/2008, de 15 de febrero, por el que se regula el Sistema Arbitral de Consumo", en Presente y futuro de la e-justicia en España y la Unión Europea, Aranzadi, junio, 2010.

BÁRDENAS CARPIO, J. M., "El sistema arbitral de reclamaciones de consumo", Valencia, 1993.

BARONA VILAR, S., "Comentario a la Ley de Arbitraje", en IVADP, San Sebastián, 1989; Ibídem, "Comentarios a la Ley de Arbitraje (Ley 60/2003, de 23 de diciembre). Artículos 23, 24, 30, 35, 38 Y 40", (Coord. BARONA VILAR, S.), Madrid, 2004; Ibídem, "Medidas cautelares en el arbitraje", Navarra, 2006.

BONACHERA VILLEGAS, R., "Los arbitrajes especiales", Navarra, 2010.

BONET NAVARRO, J., "Fuentes y caracteres del arbitraje de consumo", en "El sistema arbitral español" (Coords. QUINTANA CARLO-BONET NAVARRO), Navarra, 1997.

CABANILLAS MÚGICA, S., "El Real Decreto Legislativo 1/2007, por el que se aprueba el texto refundido de la Ley General para la Defensa de los Consumidores y Usuarios y otras leyes complementarias", en *Aranzadi Civil*, núm. 1/2008.

CARRASCO PERERA, "La defensa de consumidores y usuarios: Ámbito de aplicación y alcance de la refundición", Referencia Internet: http://www.uclm.es/centro/cesco/pdf/comentarios/4.pdf); Ibídem, "Delimitación temporal, objetiva y territorial del arbitraje de consumo", en la obra AAVV, "El arbitraje de consumo. Una nueva dimensión del arbitraje de derecho privado", Valencia, 2004.

CASAS VALLÉS, CUÑAT EDO Y DÍAZ ALABART, citados por RUIZ JIMÉNEZ, J.A., "Análisis crítico del sistema nacional español de arbitraje de consumo", San Sebastián, 2007.

CHECA MARTÍNEZ, M., "La armonización del derecho de arbitraje comercial internacional: La nueva Ley alemana de arbitraje", en Revista de la Corte Española de Arbitraje, Consejo Superior de Cámaras de Comercio, Industria y Navegación de España, Madrid, 1998.

CHILLÓN MEDINA, J.M. Y MERINO MERCHAN, J.F., "Valoración crítica de la Nueva Ley de Arbitraje", Diario la Ley. Año XXV Nº 5945. Lunes 2 de Febrero de 2004.

CORDÓN MORENO, F., "El arbitraje en el derecho español: interno e internacional", Pamplona, 1995, pág. 49. Cfr. BONACHERA VILLEGAS, R., "Los arbitrajes especiales", op. cit., 2010.

DE CASTRO BRAVO, F., "El negocio jurídico", Madrid, 1985.

DE LA CUESTA RUTE, J.N., "Persona física o consumidor", Ponencia presentada al I Congreso Internacional *Sobreendeudamiento del consumidor e insolvencia familiar*, celebrado en la Facultad de Derecho UCM en noviembre de 2008. En su elaboración colaboró Enrique Núñez Rodríguez. Referencia Internet: http://eprints.ucm.es/8761/1/06.04.09.Persona_f%C3%ADsica_y_consumidor.pdf

DE LA OLIVA SANTOS, A., "Sobre conceptos básicos del Derecho Procesal", en Revista de Derecho Procesal Iberoamericana, 1976; Ibídem, "Los principios del proceso", en Introducción al Derecho Procesal, (con DÍEZ-PICAZO GIMÉNEZ Y VEGAS TORRES), Madrid, 2001.

DÍEZ GARCÍA, H., "Admisión e inadmisión a trámite de solicitudes de arbitraje de consumo. Regulación actual y perspectivas de reforma tras la Ley 44/2006", Aranzadi Civil, nº 14, Pamplona, 2007.

DIEZ-PICAZO GIMÉNEZ, "Derecho Procesal Civil, Ejecución forzosa, Procesos especiales", AAVV, Madrid, 2000.

DÍEZ-PICAZO PONCE DE LEÓN, L., "Principios de igualdad contradicción y audiencia. Art. 24", en Comentarios a la nueva Ley de Arbitraje 60/2003, de 23 de diciembre, (Coord. GONZÁLEZ SORIA), Navarra, 2004.

D'ORS Y PÉREZ-PEIX, A., "Nueva introducción al derecho", Madrid, 1999.

FENECH NAVARRO, "Notas previas al estudio del Derecho Procesal", en Estudios de Derecho Procesal, con CARRERAS LLANSANA, Barcelona, 1962.

FERNÁNDEZ-BALLESTEROS LÓPEZ, M. A., "Potestad de los árbitros para adoptar medidas cautelares. Art. 23", en Comentarios a la nueva Ley de Arbitraje 60/2003, de 23 de diciembre, (Coord. GONZÁLEZ SORIA), 2004.

FERNANDEZ GIMENO, J.P., "Derecho de Consumo", Valencia, 1999.

FONT SERRA, E., "La nueva configuración del arbitraje en el derecho español", en Justicia, 1989; Ibídem, "El dictamen de peritos y el reconocimiento judicial en el proceso civil", Madrid, 2000.

FRANCISKOVIC INGUNZA, B.A., "El arbitraje de consumo", publicado en Estafeta Jurídica Virtual el 1 de septiembre de 2008; reproducido en Agenda Magna el 21 de enero de 2009. Referencia Internet: http://agendamagna.wordpress.com/2009/01/21/beatriz-franciskovic-ingunza

GISBERT POMATA, M., "Título II. De los árbitros", en "Comentarios a la nueva ley de arbitraje", AAVV (coord. HINOJOSA SEGOVIA, R), Difusión jurídica y Temas de Actualidad Ed., Barcelona.

GONZÁLEZ MONTES, J.L., "El Derecho Procesal y sus conceptos básicos", en Separata del Anuario de estudios sociales y jurídicos. Escuela Social de Granada, vol. X-XI, 1981-1982; Ibídem, "El proceso arbitral de consumo", en Mediación y Arbitraje. Una perspectiva española, europea y comparada", (Coords. Orozco Pardo-Esteban de la Rosa-Garrido Carrillo), Valencia, 2010.

GONZÁLEZ-MONTES SÁNCHEZ, J.L., "La acción de anulación del laudo en el proceso español de Arbitraje (Ley 60/2003, de 23 de Diciembre)", en "Estudios sobre arbitraje: Los temas claves", (Coord. González Montes, J. L.), Madrid, 2008; Ibídem, "La asistencia judicial al arbitraje", Madrid, 2009.

GROVER DUFFY, K., "Introducción a los Programas de Mediación comunitaria: pasado, presente y futuro", en "La mediación y sus contextos de aplicación. Una introducción para profesionales e investigadores (Coords.

K. Grover Duffy, J. W. Grosch y P.V. Olczak", Trad. de Mª. A. Garoz. Barcelona, Paidós, 1996.

GUTIÉRREZ DE CABIEDES, "Estudios de Derecho Procesal. Una nueva reflexión acerca del concepto de Derecho Procesal ", Pamplona, 1974.

GUITIÉRREZ DE CABIEDES E HIDALGO DE CAVIEDES, P., "Comentario al art. 11 de la LEC", en AAVV, Comentarios a la Ley de Enjuiciamiento Civil, vol. I, Elcano, Navarra, 2001.

GUTIÉRREZ SANZ, R., "La independencia e imparcialidad de los árbitros en el arbitraje de consumo", XI Jornadas Aragonesas de Consumo. Arbitraje de consumo: Nuevas perspectivas", Dirección General de Consumo, Zaragoza, marzo, 2002.

LARA GONZÁLEZ, R., "La mediación en los conflictos de Consumo: realidad y perspectivas de futuro", en LegaToday.com de 23 de junio de 2008; Ibídem, "Completa entrada en vigor del RD 231/2008, de 15 de febrero, por el que se regula el sistema arbitral de consumo", en *legalToday.com* de 25 de Agosto de 2008.

MARCOS FRANCISCO, D., "Especialidades en la formulación del objeto del proceso arbitral de consumo: la pretensión, la reconvención y la modificación de las pretensiones", en Revista General de Derecho Procesal, Nº 21, mayo 2010.

MARÍN LÓPEZ, M. J., "Presente y futuro del arbitraje de consumo: cuarenta y tres cuestiones controvertidas", en Revista de Derecho Privado, nº 9-10, 2006; Ibídem, "Análisis del Real Decreto 231/2008, de 15 de febrero, que regula el Sistema Arbitral de Consumo", en Centro de Estudios de Consumo, 2008, pág. 3. Referencia Internet: http://www.uclm.es/centro/cesco/pdf/trabajos/19/2008/19-2008-1.pdf).

MERINO MERCHÁN, J. F., "El estatuto y la responsabilidad del árbitro, Ley 60/2003 de arbitraje", Navarra, 2004.

MOLINA CABALLERO, M. J., "La congruencia en los laudos arbitrales", Málaga, 2002; Ibídem, "Terminación de las actuaciones arbitrales", (Coord. González Montes, J. L.) "Estudios sobre arbitraje: Los temas claves", Madrid, 2008.

MONTERO AROCA, J., "Derecho jurisdiccional I. Parte general", Valencia, 16ª Ed., 2008.

OROZCO PARDO-PÉREZ SERRABONA GONZÁLEZ, "El arbitraje de consumo", (Coord. González Montes, J.L.), Madrid, 2008.

ORTELLS RAMOS, "Comentario al artículo 27", en Comentario breve a la Ley de Arbitraje (Coord. Montero Aroca), Madrid, 1990.

PEDRAZ PENALVA, "El proceso y sus alternativas", en AAVV: "Arbitraje, mediación y conciliación", Cuadernos de Derecho Judicial, CGPJ, Madrid.

PÉREZ SANZ, B., "Funciones de apoyo y control. La experiencia de Madrid de crear un juzgado exclusivo para temas arbitrales", ponencia presentada a las Jornadas de debate organizada por la Asociación Europea de Arbitraje (AEADE). Referencia Internet: http://www.aeade.org/corte/arbitraje/ficha_noticias.php?noticia=363

RODRÍGUEZ RODRIGUEZ, "Origen, estructura y funcionamiento de las Juntas Arbitrales de Consumo", IVADP, San Sebastián, 2006.

RUIZ JIMÉNEZ, J.A., "Análisis crítico del sistema nacional español de arbitraje de consumo", San Sebastián, 2007.

RUIZ MORENO, J. M., "El control ex officio iudicis de la validez del laudo de consumo en el proceso de ejecución: una práctica errónea de las Audiencias Provinciales que ahora confirma la Sentencia Asturcom Telecomunicaciones del TJUE", Diario La Ley, nº 7578, 2011.

SAMANES ARA, C., "La intervención judicial en el arbitraje de consumo: incidencia de la LEC 2000", en Estudios de Consumo nº 63, 2002.

SANTAMARÍA PASTOR, J. A., "Principios de Derecho Administrativo", Madrid, 2009.

SENÉS MOTILLA, C., "La intervención judicial en el arbitraje", Navarra, 2007; Ibídem, "Sobre la ejecución forzosa de las resoluciones arbitrales", en "Estudios sobre arbitraje: Los temas claves", (Coord. González Montes, J. L.), Madrid, 2008.

SERRA DOMINGUEZ, "El proceso arbitral" en Estudios de Derecho Procesal, Barcelona, 1969.

SIGÜENZA LÓPEZ, J., "La acción de anulación de los laudos arbitrales: algunas reflexiones sobre el proceso de impugnación y alguno de sus motivos (Comentario a la sentencia de la Audiencia Provincial de Madrid nº 338/2007, de 25 de junio de 2007", en *Arbitraje. Revista de arbitraje comercial y de inversiones*, vol. II, 2009.

— "Convenios arbitrales y contratos de adhesión (Comentario a la sentencia de la Audiencia Provincial de Madrid nº 193/2008, de 23 de febrero de 2007)", en *Arbitraje. Revista de arbitraje comercial y de inversiones*, vol. II, 2009.

— "La naturaleza de la acción de anulación de laudos arbitrales y su repercusión en materia de costas; la debida imparcialidad de los árbitros; y la posibilidad de que los laudos se subsanen y complementen de oficio", en *Arbitraje. Revista de arbitraje comercial y de inversiones*, vol. III, 2010.

TAPIA FERNÁNDEZ, I., "Arbitraje e intervención judicial" en AA.VV., Problemas actuales del Proceso Iberoamericano (XX Jornadas Iberoamericanas de Derecho Procesal), Tomo I, Málaga, 2006.
TORRES ROSELL, N., "Las medias cautelares", Madrid, 2001.
VALENCIA MIRÓN, "Introducción al Derecho Procesal", Granada, 2007.
VALBUENA GONZÁLEZ, "La intervención de los juzgados de lo mercantil en materia de arbitraje", en Actualidad Jurídica Aranzadi, núm. 618, Pamplona, 2004.
VERDERA TUELLS, E., "Algunas consideraciones en torno al arbitraje comercial", Estudios Jurídicos en homenaje al Profesor Aurelio Menéndez, Madrid 1996.
ZANOBINI, GARRIDO FALLA, GARCÍA DE ENTERRÍA, SANTAMARÍA PASTOR, citados por AHUMADA RAMOS, F.J., "Materiales para el estudio del derecho económico-administrativo. Segunda parte. La actuación Administrativa", Dikynson, 2007.

Made in the USA
Middletown, DE
04 November 2026

36545330R10097